COMPUTER-PRAXIS PHYSIK
Herausgegeben von Prof. Dr. Helmut Schmidt

Rainer J. Brandenburg

Messen und Auswerten mit dem Computer

APPLE II

Mit 72 Abbildungen sowie der Bauanleitung
für eine universelle Meßschnittstelle für den
APPLE II

Dümmlerbuch 4228

FERD. DÜMMLERS VERLAG · BONN

Weitere Werke in der Reihe COMPUTER-PRAXIS PHYSIK:

R.-J. Brandenburg
Messen und Auswerten mit dem Commodore 64 und 128.
Parallelversion dieser Ausgabe für C 64 und 128. 120 Seiten. 72 Abb. DIN A 5. 2. Aufl.
1986. DM 24,80 (Dümmlerbuch 4221)
Diskette für Commodore Laufwerke. DM 36.– (Dümmlerbuch 4222)
Schnittstelle für C 64 und 128. DM 189.– (Dümmlerbuch 4223)

H. Schmidt
Messen und Experimentieren mit Stecksystemen und anderen einfachen Hilfsmitteln.
Ausgabe Commodere 64 und 128.
Übungsbuch und Programmsammlung für computerunterstütztes Experimentieren.
192 Seiten. 107 Abb. DIN A 5. 1986. DM 29,80 (Dümmerbuch 4226)
Diskette mit sämtlichen Programmen und einem Basic-Graphik-Programm für elektr./elektron. Schaltungen. Für Commodore-Laufwerke. 1986. DM 30.– (4227)

H. Schmidt / W. Weber
Messen und Experimentieren ... Ausgabe für IBM und Kompatible.
Übungsbuch und *Disketten* in BASIC u. Turbo-Pascal in Vorbereitung für 1987.
(Dümmlerbuch 4236/37/38)

B. Mirow / G. Becker
Physik-Aufgaben BASIC
Arbeitsbuch für computerunterstützte Physik. 42 Aufgaben mit *vollständigen Lösungswegen*, Programmen und Ergebnissen. 248 Seiten. 73 Abb. DIN A 5. 1986. DM 32,–
(Dümmlerbuch 4224)
Dasselbe *ohne* Lösungen. 144 Seiten. 45 Abb. DIN A 5. 1986. DM 19,80 (4225)

U. Bangert / K. Krämer
Der VIA-Baustein 6522.
Interface zwischen Rechner u. Experiment. APPLE II-Turbo-Pascal. *Übungsbuch* und *Diskette*. Ersch. 1987. (Dümmlerbuch 4234/35)

R.-J. Brandenburg
Schnelles Messen mit dem Commodore 64/128 und APPLE II.
Übungsbuch und Programmsammlung; *Diskette; Schnittstelle;* Ersch. 1987.
(Dümmlerbuch 4239/40/41)

H. Schmidt
Vier-Kanal-Schnittstelle mit Meßverstärker. In Physik, Chemie u. Biologie einsetzbar! Beschreibung, Programmierung, physikalische Anwendungsbeispiele.
Text und Diskette für C 64/128 (Dümmlerbuch 4233)
Schnittstelle für C 64/128 (Dümmlerbuch 4380)
Schnittstelle für IBM u. Kompatible. (Dümmlerbuch 4381)
Beschreibung in 4236 (s. o.)

ISBN 3-427-**4228**1-X

Das Werk und seine Teile sind urheberrechtlich geschützt. Jede Verwertung in anderen als den gesetzlich zugelassenen Fällen bedarf deshalb der vorherigen schriftlichen Einwilligung des Verlages.

© **1987 Ferd. Dümmlers Verlag, Kaiserstraße 31/37 (Dümmlerhaus), 5300 Bonn 1**

Printed in Germany by Hans Richarz, 5205 St. Augustin 1

Inhalt

1	Einleitung	5
2	Auswertung von Messreihen	7
2.1	Ausgleichsgerade, Programm 'AUSGERAD'	7
2.2	Umrechnung von Messgrössen, Programm 'AUSWERT'	10
2.3	Ausgleichskurve, Programm 'AUSWERT'	15
2.4	Weitere Anregungen zur Auswertung von Messreihen	19
3	Eine Mess-Schnittstelle für den Apple II	21
3.1	Digitale Ein- und Ausgabe	21
3.2	Analoge Ein-und Ausgabe	22
3.3	Bau der Mess-Schnittstelle	23
3.4	Funktionsprüfung der Schnittstelle	27
3.5	Programmierung der Schnittstelle in BASIC	28
3.6	Programmierung in TURBO-PASCAL	30
4	Zeit- und Geschwindigkeitsmessung	33
4.1	Zeitmessung, Programme 'STOPPUHR' und 'STOPPUHRAUS'	33
4.2	Geschwindigkeitsmessung, Programm 'GESCHWISTAT'	36
4.3	Aufzeichnung einer geradlinigen Bewegung, Programm 'BEWEGAUS'	39
4.4	Stossversuche, Programme 'STOSS' und 'STOSSAUS'	42
5	Zählen von Ereignissen	46
5.1	Zählen von Impulsen, Programme 'ZAEHLER', 'ZAEHLAUS' und 'ZAEHLSTAT'	46
5.2	Radioaktiver Zerfall, Programm 'ZERFALLAUS'	48
5.3	Frequenzmessung	50
6	Messung elektrischer Grössen	52
6.1	Messung von Widerständen	52
6.2	Messung von Spannungen, Programme 'DIGIMULT' und 'ANAMULT'	53
6.3	Strommessung	55
6.4	Belasteter Spannungsteiler, Programm 'SPANNTEIL'	56
6.5	Aufnahme von Kennlinien, Programm 'KENNLINIE'	57
6.6	Aufnahme eines Frequenzgangs, Programm 'FREGAUS'	58
6.7	Messung zeitabhängiger Grössen, Programme 'OSZILLOGRAF' und 'BLACKBOX'	60
6.8	XY-Schreiber, Programm 'XYSCHREIBER'	62
7	Messung anderer Grössen, Messwandler	63
7.1	Länge und Winkel	63
7.2	Kraft und Druck	64
7.3	Magnetische Flussdichte und elektrische Feldstärke	64
7.4	Temperatur, Eichung mit Programm 'ANALOGAUS'	66
7.5	Lichtintensität	66
7.6	Anregungen für weitere Messaufgaben	67

8	Ausblick	69
9	Literaturverzeichnis	70
10	Anhang: Programm-Ausdrucke	72

10.1 Auswert-Programme 73

AUSGERAD: Graphische Darstellung einer Messreihe
    mit Ausgleichsgerade 73
AUSWERT: Umrechnungen, graphische Darstellung
    und Ausgleichsrechnung für eine Messreihe 76
GRAF: Hilfsprogramm zu AUSWERT 84

10.2 Messprogramme 86

SCHNITTEST: Funktionsprüfung der Schnittstelle,
    Anzeige der Zustände aller Ein- und Ausgänge 86

STOPPUHR: Zeit- und Geschwindigkeitsmessung 87
STOPPUHRAUS: STOPPUHR mit graphischer Auswertung 89
GESCHWISTAT: Geschwindigkeitsstatistik im Kugelgas 91
BEWEGAUS: Aufnahme einer geradlinigen Bewegung
    mit graphischer Auswertung der Messwerte 94
STOSS: Geschwindigkeitsmessung bei Stossversuchen
    mit Grossanzeige 95
STOSSAUS: STOSS mit graphischer Auswertung 98

ZAEHLER: Impulszähler und Frequenzmesser
    mit Grossanzeige 100
ZAEHLAUS: ZAEHLER mit graphischer Auswertung 102
ZAEHLSTAT: Statistik der Zählraten 103
ZERFALLAUS: Aufnahme des radioaktiven Zerfalls
    mit graphischer Auswertung 106

DIGIMULT: Spannungs- und Widerstandsmessung,
    mit digitaler Grossanzeige 107
ANAMULT: Spannungs- und Widerstandsmessung,
    mit analoger Anzeige 109
SPANNTEIL: Messung am belasteten Spannungsteiler
    mit graphischer Darstellung der Messwerte 110
KENNLINIE: Aufnahme der Kennlinie eines Bauteils 113
FREGAUS: Aufnahme eines Frequenzgangs 114
OSZILLOGRAF: Registrierung zeitabhängiger
    Spannungen und Widerstände 115
BLACKBOX: Registrierung der Reaktion von
    Schaltungen auf vorgegebene zeitabhängige
    Spannungen 118
XYSCHREIBER: xy-Darstellung von Messgrössen 121

ANALOGAUS: Aufnahme von Analog-Messreihen,
    Eichung von Messwandlern 122

10.3 Maschinenprogramme zur Messwerterfassung 124

1 Einleitung

Viele Lehrmittelverlage bieten Bücher und Disketten mit Computerprogrammen zur Physik an. Die meisten dieser Programme sind reine Simulations-, Demonstrations- oder Rechenprogramme. Dieses Buch beschäftigt sich - ebenso wie die 1985 erschienene COMMODORE-Ausgabe (Dümmlerbuch 4221) - nicht mit Simulationen, sondern ausschliesslich mit dem Einsatz des Computers bei der Durchführung und der Auswertung physikalischer Experimente. Auf diesem Gebiet lässt sich ein Computer sehr vielfältig und nutzbringend einsetzen. Er kann die Aufgaben vieler - teilweise sehr teurer - Messgeräte übernehmen, zum Beispiel diejenigen

- einer elektronischen Stoppuhr,
- eines Impulszählers und Frequenzmessers,
- eines elektrischen Vielfach-Messgerätes,
- eines x-y-Schreibers oder
- eines Oszilloskopes.

Ausserdem ermöglicht ein Computer das Durchführen von Experimenten, die ohne ihn nicht oder nur mit unverhältnismässig grossem Aufwand durchgeführt werden können, etwa wenn

- sehr viele Messungen in kurzer Zeit gemacht werden müssen,
- mehrere Messgrössen (fast) gleichzeitig erfasst werden müssen oder
- über eine sehr lange Zeit gemessen werden muss.

Beim Einsatz des Computers als Messgerät steht man vor einem doppelten Problem:

- Man muss das Experiment an den Computer anschliessen. Dazu benötigt man ein Zusatzgerät (als 'Schnittstelle' oder 'Interface' bezeichnet), das den Austausch elektrischer Signale vom Experiment zum Computer (zur Erfassung der Messwerte) und umgekehrt (zur Steuerung des Messvorgangs) ermöglicht.

- Man braucht Messprogramme für den Computer, die das Abfragen der Messwerte und den Ablauf der Experimente steuern.

Die Lehrmittelfirmen bieten derartige Zusatzgeräte an, allerdings kosten sie oft mehr als der Computer selbst. Messprogramme stehen bei den Lehrmittelfirmen nur für eine kleine Anzahl von Standardversuchen zur Verfügung und sind ebenfalls sehr teuer. Sie sind vom Hersteller meist gegen Kopieren und Ausdrucken geschützt. Daher kann der Anwender eines Programms seine Funktionsweise nicht verstehen und es auch nicht an seine eigenen Bedürfnisse anpassen.

Dieses Buch zeigt, wie man sich mit ganz geringem finanziellem Aufwand eine kleine Mess-Schnittstelle (MULTIMESS 2) für den APPLE II bauen kann, die kaum weniger Anwendungsmöglichkeiten bietet als ein kommerzielles Messwert-Erfassungssystem zum vielfachen Preis. Es enthält neben einer vollständigen Bauanleitung für diese Schnittstelle die Listings von über 20 Messprogrammen zu allen Teilgebieten der Physik. Sie sind so weit wie möglich in BASIC geschrieben. Nur die zeitkritischen Teile der Messprogramme mussten in Maschinensprache formuliert werden. Mit diesen Programmen lässt sich der Computer

- zur Registrierung schnell ablaufender Vorgänge,
- zur Registrierung sehr langsamer Vorgänge,
- zur häufigen Wiederholung eines einfachen Messvorgangs,
- zur (fast) gleichzeitigen Messung mehrerer Grössen,
- als deutlich sichtbare Grossanzeige für Messwerte und
- zur Steuerung des Ablaufs von Experimenten

einsetzen. Die meisten dieser Messprogramme erlauben ausserdem eine graphische Darstellung, Speicherung und Auswertung der Messergebnisse unmittelbar nach der Messung.

Ein Leser, dem das Bauen der Schnittstelle zu aufwendig erscheint, kann diese auch beim Verlag als Fertiggerät beziehen (Dümmlerbuch 4230).

Die Programme sind auf einem APPLE II+ ebenso lauffähig wie auf einem APPLE IIe. Der APPLE IIc ist zur Messwerterfassung ungeeignet, da er keine Erweiterungs-Slots besitzt. Die Messprogramme erwarten die Mess-Schnittstelle in Slot 4. Falls ein Drucker benutzt werden soll, ist er über Slot 1 anzuschliessen.

Dieses Buch beschreibt die Funktionsweise der benötigten integrierten Schaltkreise nur, soweit es zum Verständnis der Messprogramme dieses Buches erforderlich ist. Lesern, die den benutzten Interface-Baustein gründlich kennenlernen wollen, sei der Band 'Der VIA-Baustein 6522 - Experimentieren und Programmieren' von U. Bangert und K. Krämer (Dümmlerbuch 4234, ersch. Anfang 1987) empfohlen.

Die in diesem Buch wiedergegebenen Schaltungen, Verfahren und Programme werden ohne Berücksichtigung etwaiger Patente mitgeteilt. Sie sind ausschließlich für Lehrzwecke bestimmt und dürfen nicht gewerblich genutzt werden.

Die Schaltungen und Programme wurden vom Autor mit größter Sorgfalt entwickelt bzw. bearbeitet. Trotzdem sind Fehler nicht ganz auszuschließen. Eine Haftung für etwaige Folgen fehlerhafter Angaben kann leider nicht übernommen werden.

Herausgeber, Autor und Verlag sind den Benutzern im voraus dankbar für Hinweise, die zur weiteren Verbesserung dieser Materialien führen.

2 Auswertung von Messreihen

In der Physik und in den anderen Naturwissenschaften steht man immer wieder vor der Aufgabe, eine Messreihe auszuwerten. Dabei geht es insbesondere darum,
- Messergebnisse in graphische Darstellungen zu übertragen,
- Tabellen, Graphen und Gleichungen zu interpretieren und
- mathematische Beziehungen mit Hilfe von graphischen Darstellungen zu finden.

Das Anfertigen der graphischen Darstellungen ist oft sehr zeitaufwendig, insbesondere dann, wenn die zu findenden mathematischen Zusammenhaenge komplizierter werden. So ist beispielsweise zum Erkennen eines exponentiellen Zusammenhangs

- die Messreihe graphisch darzustellen, um einen Eindruck vom Kurvenverlauf zu bekommen,
- die eine Messgrösse zu logarithmieren und
- erneut graphisch darzustellen,

bevor die gesuchte Funktionsgleichung gefunden werden kann. Zunächst wird es sinnvoll sein, alle diese Arbeitsschritte ohne besondere Hilfsmittel auszuführen. Bald wird diese Arbeit jedoch als Zeitverschwendung empfunden, die keine neuen Erkenntnisse liefert und von der eigentlichen physikalischen Fragestellung ablenkt. In dieser Situation hilft ein entsprechend programmierter Computer. Mit ihm lässt sich das Finden komplizierterer mathematischer Zusammenhänge aus graphischen Darstellungen gezielt üben.

In diesem Abschnitt werden die für die Schule wichtigen Auswert-Verfahren zusammengestellt und ihre Uebertragung auf den Computer erläutert. Am Ende wird ein universelles Auswert-Programm beschrieben, mit dem sich alle diese Verfahren bequem durchführen lassen.

2.1 Ausgleichsgerade - Programm 'AUSGERAD'

Die graphische Darstellung vieler Messreihen liefert im Rahmen der Messgenauigkeit eine Gerade, etwa
- die Temperaturabhängigkeit des Volumens einer Gasmenge bei konstantem Druck,
- die Abhängigkeit der Klemmenspannung einer Batterie vom Laststrom oder
- die Abhängigkeit der Elektronenenergie von der Lichtfrequenz beim äusseren Fotoeffekt.

Zur Auswertung einer solchen Messreihe stellt man die Werte graphisch dar, zeichnet die Ausgleichsgerade und liest die Steigung und den y-Achsenabschnitt ab. Alle diese Arbeitsschritte kann der Computer genauer und schneller ausführen als der Mensch. Das Programm 'AUSGERAD' erfragt den Titel der Messreihe, die Namen und Einheiten der Messgrössen, die Anzahl der Wertepaare und dann die Messwerte. Es zeichnet ein Koordinatensystem mit passenden Skalen und gibt die Namen der Messgrössen mit ihren

Einheiten an. Danach trägt es die Werte ein und berechnet die Steigung und den y-Abschnitt der Ausgleichsgeraden so, dass die Summe der quadratischen Abweichungen der y-Messwerte von der Geraden

$$\sum_{i=1}^{n} (mx_i + b - y_i)^2$$

minimal wird. Dann zeichnet es die Ausgleichsgerade. Die Graphik bleibt solange stehen, bis die Leertaste gedrückt wird. Danach werden die Steigung, die Achsenabschnitte und der mittlere Fehler ausgegeben.

Anwendungsbeispiel: Wärmeausdehnung eines Gases

Mit einem Gasthermometer wurde das Volumen einer abgeschlossenen Gasmenge bei konstantem Druck für verschiedene Temperaturen gemessen. Wir laden das Programm 'AUSGERAD' und starten es. Das Programm erfragt den Titel der Messreihe, die Namen und Einheiten der beiden Messgrössen, die Anzahl der Wertepaare und schliesslich die Wertepaare selbst.

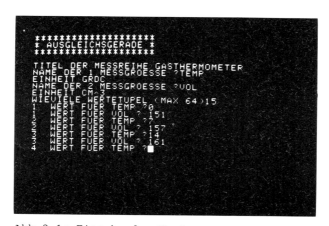

Abb.2-1: Eingabe der Werte

Achtung: Nach jeder Eingabe ist die RETURN-Taste zu drücken!

Nach der Eingabe aller Wertepaare erscheint die graphische Darstellung der Messwerte mit der Ausgleichsgeraden.

Nach dem Drücken der Leertaste verschwindet die Graphik, und es erscheinen die Ergebnisse der Auswertung auf dem Bildschirm:

- die Steigung der Ausgleichsgeraden,
- x- und y-Achsenabschnitt und
- die mittlere quadratische Abweichung eines y-Messwertes von der Geraden.

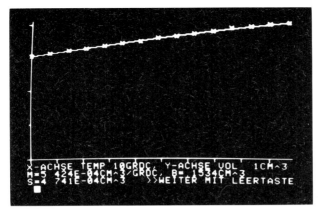

Abb.2-2: graphische Darstellung mit Ausgleichsgerade

Abb.2-3: Ausgabe der Ergebnisse

Der Abschnitt auf der Volumen-Achse ist das Volumen bei 0 Grad Celsius, die Steigung gibt die Volumenzunahme pro Grad an. Der Temperatur-Achsenabschnitt ist der Nullpunkt der absoluten Temperatur-Skala.

Hinweise für die Benutzung des Programms 'AUSGERAD':

1) Das Programm läuft nur unter APPLESOFT-BASIC!
2) Bei den angegebenen Fehlern handelt es sich um statistische Standardabweichungen, sie sind keine maximalen Fehler. Einzelne Messwerte können durchaus stärker abweichen. Ausserdem sind eventuelle systematische Fehler nicht berücksichtigt.
3) Die statistischen Fehler können bewirken, dass die Gerade nicht exakt durch den Ursprung geht, obwohl aus

physikalischen Gründen eine Proportionalität vorliegen muss. In solchen Fällen benutzt man besser das Programm 'AUSWERT'.

2.2 Umrechnen von Messgrössen, Programm 'AUSWERT'

Die graphischen Darstellungen vieler Messreihen stellen keine Geraden dar und lassen sich deshalb mit dem Programm 'AUSGERAD' nicht unmittelbar auswerten, zum Beispiel

- die Volumenabhängigkeit des Druckes einer Gasmenge bei konstanter Temperatur,
- die Spannung eines Kondensators beim Entladen über einen ohmschen Widerstand,
- das Weg-Zeit-Gesetz der gleichmässig beschleunigten Bewegung,
- die Beziehung zwischen Gegenstands- und Bildweite bei einer optischen Abbildung mit einer Konvexlinse oder
- die Abhängigkeit der Periodendauer von der Fadenlänge beim Fadenpendel.

Sehr viele solcher nicht-linearen Gesetzmässigkeiten lassen sich jedoch durch eine einfache Umrechnung auf eine Geradengleichung zurückführen, etwa

- durch Quadrieren,
- durch Wurzelziehen,
- durch Kehrwert-Bildung,
- durch die Exponentialfunktion,
- durch den Logarithmus.

Solche und weitere Umrechnungen erlaubt das Programm 'AUSWERT'. Es ermöglicht ausserdem

- auszuwählen, welche Messgrössen auf der x- und auf der y-Achse dargestellt werden sollen,
- wahlweise nur Punkte, Punkte mit Ausgleichsgerade, mit Ausgleichs-Ursprungsgerade oder mit theoretischer Kurve darzustellen,
- Differenzenquotienten (als gute Näherung für die Ableitung) darzustellen,
- Werte von der Diskette zu lesen und auf die Diskette zu schreiben und
- eine Wertetabelle auf dem Bildschirm oder auf dem Drucker auszugeben.

Die Auswahl der Programmteile geschieht durch ein 'Menue': das Programm listet die Möglichkeiten auf, und die entsprechende Ziffer ist einzugeben (ohne Drücken der RETURN-Taste!).

Anwendungsbeispiel 1: Abkühlkurve

Ein Körper wird erhitzt, danach wird seine Temperatur in Abhängigkeit von der Zeit gemessen. Dann wird das Programm 'AUSWERT' geladen und gestartet. Die Messwerte werden

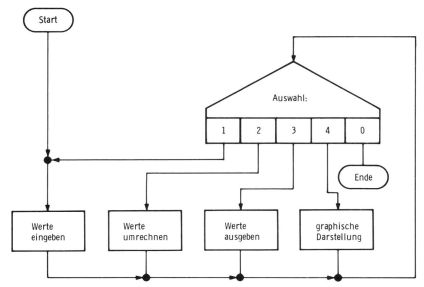

Abb.2-4: Schema des Programms 'AUSWERT'

Abb.2-5: Das Hauptmenue des Programms 'AUSWERT'

eingegeben, dann wird die Zeit auf der x-Achse und die Temperatur auf der y-Achse dargestellt.

Wir wollen nachweisen, dass die Differenz d zwischen Körper- und Umgebungstemperatur exponentiell von der Zeit t abhängt:

d(t) = d(0) * exp(-a*t)

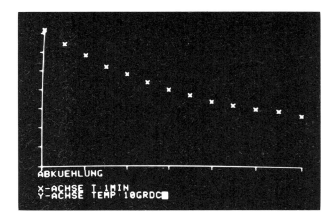

Abb.2-6: Abkühlkurve

Es hilft nicht weiter, wenn man die e-Funktion auf die Zeit anwendet. Nützlich ist es dagegen, den Logarithmus der Temperaturdifferenz über der Zeit darzustellen:

ln d(t) = ln d(0) - a * t

(Temperaturen in Grad Celsius)

Abb.2-7: Eingabe der Umrechnungsformel

Die Umrechnungsformel wird in der üblichen BASIC-Schreibweise eingegeben, wobei für die Konstante (die Umgebungstemperatur) ihr Zahlenwert ohne Einheit einzugeben ist. Die neu zu berechnende Grösse (hier: LN(D)) kann beliebig benannt werden. LOG ist für den natürlichen Logarithmus zu schreiben.

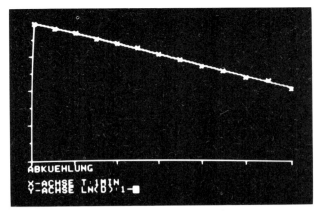

Abb.2-8: Abkühlung logarithmisch

Tatsächlich ist die Darstellung des Logarithmus der Temperaturdifferenz über der Zeit eine Gerade. Die Abkühlkonstante a ist der Betrag der Steigung, die Anfangstemperatur erhält man durch Anwendung der Exponentialfunktion auf den y-Abschnitt.

Anwendungsbeispiel 2: Linsenabbildung

Für verschiedene Gegenstandsweiten suchen wir das Bild, das eine Konvexlinse von einer Kerzenflamme entwirft, und messen jeweils die Bildweite. Mit dem Programm 'AUSWERT' stellen wir die Bildweite b über der Gegenstandsweite g graphisch dar.

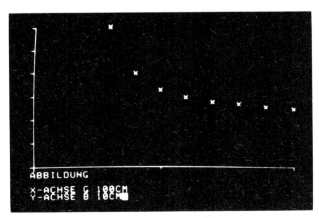

Abb.2-9: Linsenabbildung, b über g

Aus der Form des Graphen könnte man eine indirekte

Proportionalität der Form

b = c/g   (c Konstante)

vermuten. Wir berechnen daher die Kehrwerte der Gegenstandsweiten.

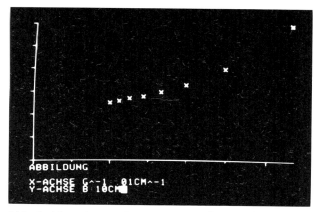

Abb.2-10: Linsenabbildung, b über 1/g

Der Graph von b über 1/g zeigt, dass diese Vermutung falsch ist. Bildet man jetzt auch die Kehrwerte der Bildweiten, so erhält man als graphische Darstellung eine Gerade mit der Steigung -1.

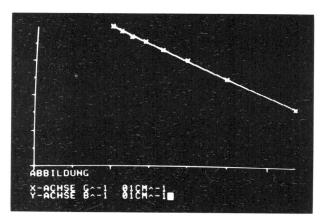

Abb.2-11: Linsenabbildung, 1/b über 1/g

Der y-Achsenabschnitt ist der Kehrwert der Brennweite der benutzten Linse. Die Abbildungsgleichung ist damit in der Form

    1/b = -1/g + 1/f

gefunden.

Anwendungsbeispiel 3: Energiesatz beim schiefen Wurf

Mit der stroboskopischen Aufnahme einer Wurfbewegung wurden Werte für die Flughöhe und die Geschwindigkeit des geworfenen Körpers bestimmt. Mit diesen Werten soll der Energiesatz überprüft werden. Dazu müssen die potentielle, die kinetische und die Gesamtenergie nach

    Wp = m * g * h,

    Wk = m/2 * v↑2   und

    W = Wp + Wk

berechnet werden. (Es bedeuten

    m   Masse des Körpers,
    g   Fallbeschleunigung,
    h   Flughöhe und
    v   Geschwindigkeit des Körpers.)

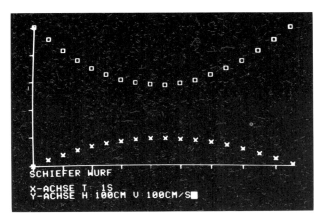

Abb.2-12: h und v beim schiefen Wurf

Die graphische Darstellung der Energien über der Zeit zeigt die Konstanz der Gesamtenergie sehr anschaulich.

2.3 Ausgleichskurve - Programm 'AUSWERT'

Manche Messreihen lassen sich auch nicht durch geschicktes Umrechnen linearisieren. Ein Beispiel hierfür ist eine Messreihe zur harmonischen Schwingung. Oft ist die theoretische Formel bekannt, enthält jedoch unbekannte

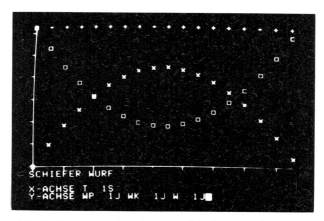

Abb.2-13: Energien beim schiefen Wurf

Parameter, die mit der Messreihe bestimmt werden sollen. Auch in dieser Situation hilft das Programm 'AUSWERT'. Man wählt dann die Darstellungsart mit theoretischer Kurve und gibt die Formel ein, wobei man für bekannte Grössen ihre Zahlenwerte, für die unbekannten Parameter jedoch Variablennamen eingibt. Das Programm erfragt dann Schätzwerte für diese Parameter. Anschliessend verbessert es diese Werte iterativ so, dass die quadratische Abweichung zwischen den y-Werten und der Kurve minimal wird. Nach jedem Iterationsschritt fragt das Programm, ob die Iteration fortgesetzt, die Kurve gezeichnet oder das Verfahren abgebrochen werden soll. Die Konvergenz des Verfahrens erkennt man daran, dass sich die Parameterwerte nicht weiter verändern und der angegebene mittlere Fehler sich nicht weiter verkleinert.

Falls sich die Parameterwerte sprunghaft ändern oder der mittlere Fehler deutlich ansteigt, ist dies ein Hinweis darauf, dass die eingegebenen Schätzwerte zu schlecht waren oder dass die eingegebene Formel nicht zu der Messreihe passt. Die Formel kann bis zu vier Parameter enthalten.

Anwendungsbeispiel 4: Harmonische Schwingung

Auf der Diskette steht eine Messreihe zur harmonischen Schwingung zur Verfuegung - das Messverfahren, mit dem diese Messreihe aufgenommen wurde, wird im Abschnitt 'Zeitmessung' beschrieben. Wir laden diese Messreihe und stellen die Auslenkung über der Zeit graphisch dar.

Aus der graphischen Darstellung entnehmen wir (näherungsweise) die Zahlenwerte für die Amplitude und die Schwingungsdauer zu

$S0 = 8$ cm   und $T0 = 0.7$ s.

Danach wählen wir die Darstellungsart mit Kurve, geben die

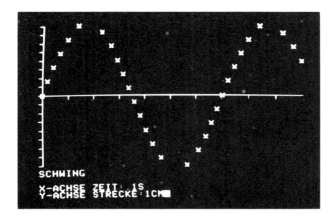

Abb.2-14: Harmonische Schwingung

Funktionsgleichung

S=S0*SIN(6.283*T/T0)

ein und die oben angegebenen Schätzwerte. Nach nur drei Iterationsschritten ändern sich die Werte für S0 und T0 nicht mehr nennenswert.

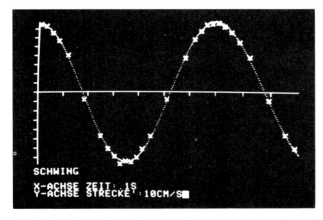

Abb.2-15: Weg-Zeit-Gesetz der Harmonischen Schwingung

Das zugehörige Geschwindigkeit-Zeit-Gesetz dieser Schwingung lautet:

V=S0*6.283/T*COS(6.283*T/T0) .

Mit den gleichen Zahlenwerten für Amplitude und Schwingungsdauer ergibt sich eine Kurve, die gut zu den Differenzenquotienten der Messwerte passt.

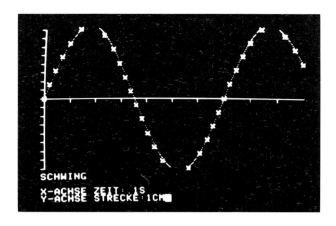

Abb.2-16: Geschwindigkeit-Zeit-Gesetz

Die Ausgleichskurve für die Geschwindigkeitswerte liefert fast identische Werte für S0 und T0. Wie dieses Beispiel zeigt, haben die Differenzenquotienten von Messwerten deutlich grössere Fehler als die Messwerte selbst.

Hinweise für den Gebrauch des Programms 'AUSWERT':

1) Das Programm ist sehr umfangreich und steht daher in drei Teilen auf der Diskette. Während des laufenden Programms müssen Teile nachgeladen werden. Daher muss die Diskette während des Programmlaufes im Laufwerk bleiben.
2) Falls die Werte für die x-Groesse nicht nach der Grösse sortiert sind, werden sie vor der Darstellung des Differenzenquotienten automatisch sortiert. Dies dauert bei langen Messreihen einige Sekunden.
3) Zur Umrechnung der Messgrössen und zur Berechnung von Kurven sind Funktionsgleichungen einzugeben. Sie dürfen die Messgrössen, bis zu vier unbekannte Parameter und Zahlenwerte (ohne Einheiten) enthalten. Es dürfen die Grundrechnungsarten einschliesslich der Potenz benutzt werden. Das Multiplikationszeichen * darf nicht weggelassen werden! Es dürfen auch die Standardfunktionen
    SQR (Quadratwurzel)
    SIN (Sinus),
    COS (Cosinus),
    ATN (Arcus Tangens),
    EXP (Exponentialfunktion),
    LOG (natürlicher Logarithmus),
    ABS (absoluter Betrag) und
    SGN (Vorzeichenfunktion)
benutzt werden.
4) Falls eine unzulässige Umrechnung gewählt wurde (Wurzel aus negativem Wert, Kehrwert von Null, Logarithmus von nicht-negativem Wert), wird der betreffende Wert in der weiteren Auswertung nicht berücksichtigt.
5) Falls man versehentlich eine physikalisch unsinnige

Umrechnung gewählt hat, lassen sich die alten Werte oft durch die inverse Umrechnung wieder gewinnen.
6) Eine theoretische Funktionsgleichung darf bis zu vier unbekannte Parametergrössen enthalten. Für jeden Parameter ist ein Schätzwert einzugeben. Das Programm bestimmt dann iterativ die optimalen Parameterwerte.

2.4 Weitere Anregungen zur Auswertung von Messreihen

Aufgaben für das Programm 'AUSGERAD':

1) Man messe die Höhe h des unteren Endes einer senkrecht aufgehängten Schraubenfeder über der Tischfläche in Abhängigkeit von der angehängten Masse m. Man finde eine Formel für diese Abhängigkeit und deute die darin vorkommenden Konstanten.

2) Das Ende eines einarmigen Hebels wird mit der Hand über eine Federwaage waagerecht gehalten. Eine konstante Last wird unter verschiedenen Lastarmen l an den Hebel gehängt, jeweils wird die Kraft F an der Federwaage abgelesen. Man finde eine Formel für die Kraft in Abhängigkeit vom Lastarm und deute die darin enthaltenen Konstanten.

Aufgaben für das Programm 'AUSWERT':

3) Man messe die Schwingungsdauer T eines Fadenpendels in Abhängigkeit von der schwingenden Masse m und finde eine Formel für diese Abhängigkeit.

4) Man messe am zweiarmigen Hebel (bei konstanter Last und konstantem Lastarm) die Kraft F in Abhängigkeit vom Kraftarm a und finde eine Formel für diese Abhängigkeit.

5) Man messe die Wegstrecke s eines zu Beginn ruhenden, möglichst reibungsfreien Fahrzeugs auf einer leicht geneigten Fahrbahn in Abhängigkeit von der Zeit t. Man finde eine Formel für s(t).

6) Man lade einen Kondensator (10 Mikrofarad) auf und messe seine Spannung U in Abhängigkeit der Zeit t beim Entladen über einen Widerstand (1 Megohm). Man finde eine Formel für U(t) und deute die darin vorkommenden Konstanten.

7) Man messe den Widerstand R von Konstantandrähten in Abhängigkeit vom Querschnitt A und von der Länge l. Man finde eine Formel für R(A,l).

8) Man messe die Schwingungsdauer T eines Federpendels in Abhängigkeit von der Richtgrösse D der Feder und von der schwingenden Masse m. Man finde eine Formel für T(D,m).

9) Man berechne für den Versuch von Aufgabe 5 die Zeitabhängigkeit der kinetischen und der potentiellen Energie und überprüfe den Energiesatz. Man finde eine Formel für die Geschwindigkeit v des Fahrzeugs in

Abhängigkeit der Zeit und vergleiche die im Geschwindigkeit-Zeit-Gesetz enthaltene Konstante mit der Konstanten im Weg-Zeit-Gesetz.

10) Man messe die Hangabtriebskraft eines Wagens auf einer geneigten Ebene in Abhängigkeit vom Neigungswinkel und finde eine Formel für diese Abhängigkeit.

3 Eine Mess-Schnittstelle für den Apple II

Dieser Abschnitt beschreibt die Arbeitsweise und den Bau einer einfachen, aber sehr universell einsetzbaren Schnittstelle zum Austausch elektrischer Signale zwischen dem Apple II und physikalischen Experimenten. Sie besteht aus einer Steckkarte und einem Kasten mit Buchsen und Taste, die miteinander durch ein Flachbandkabel verbunden sind. Sie ermöglicht die Ein- und Ausgabe digitaler und analoger Signale. Die benötigten Bauteile kosten etwa 60 DM. (Eine fertige Schnittstelle kann vom Verlag (Best.-Nr. 4230) oder von der Firma IBS-Computertechnik, Olper Str.10, 4800 Bielefeld 14, zum Preis von etwa 200 DM bezogen werden.)

3.1 Digitale Ein- und Ausgabe

Ein digitales Signal ist eine Ja-Nein-Entscheidung, die im Computer als hohe (2.8...5 Volt) oder niedrige Spannung (0...0.8 Volt) dargestellt wird. Die Schnittstelle enthält den 'Versatile Interface Adapter' (VIA) 6522. Dieser Baustein besitzt sechzehn Leitungen, die wahlweise als digitale Ein- oder Ausgänge benutzt werden können. Um den Interface-Baustein vor Ueberspannungen an den Eingängen oder vor Kurzschlüssen an den Ausgängen zu schützen, sind die Ein- und Ausgangsleitungen des Interface-Bausteins nicht direkt mit den Ein- und Ausgangsbuchsen verbunden.

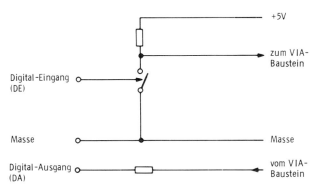

Abb.3-1: Prinzip-Schaltung des Digitalteils

Abbildung 3-1 zeigt die prinzipielle Beschaltung der digitalen Ein- und Ausgänge. Die Schnittstelle bietet zwei Digital-Eingänge (DE1 und DE2) und eine Taste, deren Zustände vom Programm abgefragt werden können, sowie zwei Digital-Ausgänge (DA1 und DA2), die vom Programm auf hohe Spannung (+5 Volt) oder niedrige Spannung (0 Volt) gesetzt werden können. Die Eingänge wirken auf elektronische Schalter, die bei hoher Spannung die zugehörigen Leitungen zum Computer auf 0 Volt legen. Die Ausgangsleitungen sind dagegen über je einen Widerstand direkt mit den Buchsen DA1 und DA2 verbunden.

Achtung: Eine hohe Spannung an einer Eingangsbuchse bewirkt eine niedrige Spannung an der entsprechenden Engangs-Leitung des Interface-Bausteins und umgekehrt. Dagegen bewirkt eine hohe Spannung an der Ausgangs-Leitung des Bausteins eine hohe Spannung an der entsprechenden Ausgangsbuchse DA1 oder DA2.

3.2 Analoge Ein- und Ausgabe

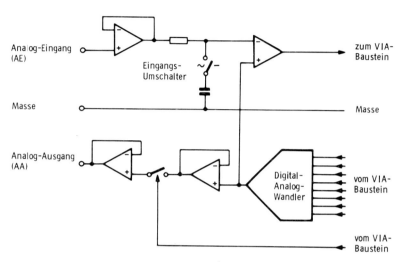

Abb.3-2: Prinzip-Schaltung des Analogteils

Abbildung 3-2 zeigt die prinzipielle Beschaltung des analogen Ein- und Ausgangs. Zur Analog-Ausgabe wird ein Digital-Analog-Wandler vom Typ ZN426 der Firma Ferranti benutzt. Er wandelt die 8-bit-Information des VIA-Bausteins in eine Spannung im Bereich 0 ... 2.55 Volt. Da dieser Wandler einen hohen Ausgangswiderstand von etwa 10 Kiloohm besitzt, wird die Ausgangsspannung auf einen als Pufferstufe geschalteten Operationsverstärker gegeben. Der nachfolgende elektronische Schalter bildet zusammen mit dem Kondensator ein Halte-Glied: wird nach dem Setzen eines Spannungswertes der Schalter geöffnet, so ändert sich die Spannung am Analog-Ausgang einige Millisekunden lang nicht merklich. Während dieser Zeit kann der Wandler-Baustein zur Analog-Digital-Wandlung benutzt werden.

Zur Analog-Eingabe wird die Spannung am Analog-Eingang AE mit der Ausgangsspannung des Wandlers verglichen. Den Vergleich besorgt ein als Komparator geschalteter Operationsverstärker: ist die Spannung am Analog-Eingang kleiner als die Spannung am Wandler, so gibt der Komparator eine hohe Spannung an die Port-Leitung aus. Mit einem speziellen Programm lässt sich damit die Spannung an AE messen. Das Messprinzip heisst 'sukzessive Approximation': zunächst wird mit dem Digital-Analog-Wandler die Hälfte der maximal möglichen Spannung erzeugt. Ist die Eingangsspannung kleiner, wird die Vergleichsspannung auf die Hälfte verringert, andernfalls wird sie um die Hälfte erhöht. Danach wird wieder verglichen und darauf die Vergleichsspannung um die Häfte des alten Korrekturwertes erhöht oder verringert. Nach acht Vergleichsschritten ist eine genauere Annäherung nicht mehr möglich. Die Eingangsspannung ist dann auf 10 Millivolt genau bestimmt.

Zur Erhöhung des Eingangswiderstandes liegt zwischen der Eingangs-Buchse und dem Komparator ein Puffer-Verstärker. Falls eine verrauschte Spannung gemessen werden soll, kann mit einem elektronischen Schalter ein Kondensator dazugeschaltet werden.

3.3 Bau der Mess-Schnittstelle

Zum Bau der Schnittstelle werden die folgenden Teile benötigt:

- eine Experimentierplatine für Apple II (Rademacher 942),
- eine Fassung für integrierte Schaltungen, 40 Kontakte,
- 4 Fassungen für integrierte Schaltungen, 14 Kontakte
- ein Interface-Baustein 6522,
- ein 2-faches D-Flipflop 74LS74,
- ein 4-facher Operationsverstärker LM324N,
- ein 4-facher elektronischer Schalter CD4066A,
- ein Digital-Analog-Wandler ZN426E,
- eine Diode 1N4148,
- 4 Widerstände 100 Kiloohm (braun-schwarz-gelb),
- 5 Widerstände 3.3 Kiloohm (orange-orange-rot),
- 6 Widerstände 1 Kiloohm (braun-schwarz-rot),
- 1 Widerstand 390 Ohm (orange-weiss-braun),
- ein Tantal-Kondensator 10 Mikrofarad,
- ein Kondensator 1 Mikrofarad,
- ein Kondensator 330 Nanofarad,
- 3 Kondensatoren 10 Nanofarad,
- eine Taste, einmal ein,
- 8-poliges Flachbandkabel, 50 cm,
- 7 Buchsen 4 mm (Bananenbuchsen),
- ein Kunststoff-Gehäuse 12 cm * 7 cm * 3cm.

Man hält die Platine so, dass die Beschriftung nach oben zeigt und steckt die leeren Fassungen, Widerstände, Kondensatoren (beim Tantal-Kondensator auf die Polung achten!) und Verbindungsdrähte nach dem Bestückungsplan von oben durch die Platine. Dann dreht man die Platte um und kürzt die herausstehenden Drahtenden auf 1 ... 2 mm. Jetzt verlötet man die Drahtenden auf der Kupferseite nach Verdrahtungsplan. Dann werden die Verbindungdrähte für die Kupferseite zugeschnitten und verlötet. Jetzt müssen die Löcher für die Buchsen, die Taste und die Durchführung des Flachbandkabels in das Kunststoff-Gehäuse gebohrt werden. Nachdem Buchsen und Taste an das Gehäuse geschraubt sind, lötet man nach Bestückungs- und Verdrahtungsplan das

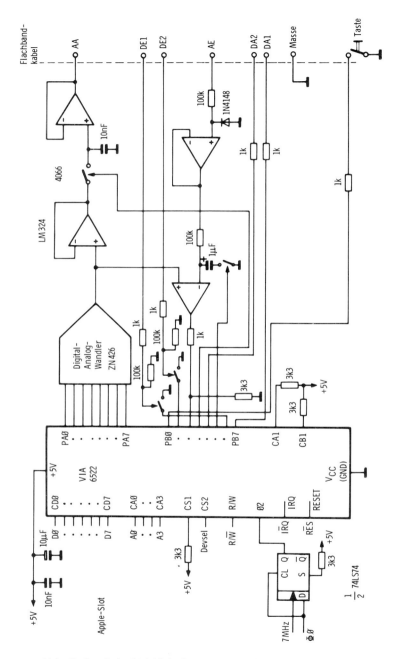

Abb.3-3: Schaltbild der Mess-Schnittstelle

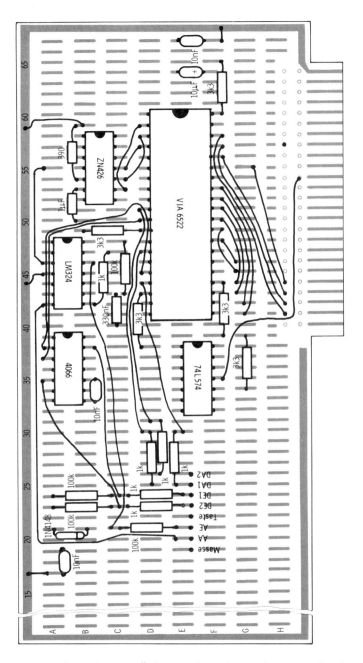

Abb.3-4: Bestückungsplan (von oben gesehen)

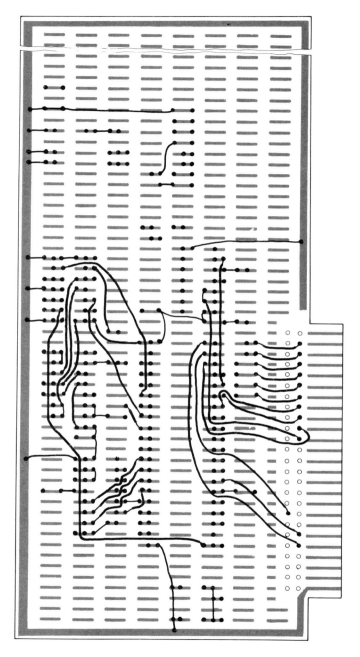

Abb.3-5: Verdrahtungsplan (auf die Kupferseite gesehen)

Flachbandkabel auf der einen Seite an die Platine, auf der anderen Seite an die Buchsen und die Taste. (Zur Verbindung zwischen Flachbandkabel und Platine kann auch eine käufliche Steckverbindung benutzt werden.)

Jetzt überprüft man sorgfältig, ob alle Verbindungen richtig verlötet sind, und ob keine unbeabsichtigten Kurzschlüsse vorhanden sind (im Zweifelsfall mit einem Ohmmeter nachprüfen!). Falls die Beinchen der integrierten Schaltungen zu weit auseinander stehen, werden sie vorsichtig an der Tischkante in die passende Stellung gebogen. Danach können die integrierten Schaltungen eingesetzt werden (bei allen fünf IC's muss die Nut vom Flachbandkabel weg zeigen), die Schnittstelle ist fertig.

Achtung: Die Schaltung CD4066A kann durch elektrostatische Aufladung der Hände zerstört werden. Daher dürfen die Anschluss-Beinchen beim Biegen und beim Einsetzen nicht mit den Händen berührt werden! Am besten zieht man sich dazu Gummi-Handschuhe an.

Abb.3-6: Ansicht der fertigen Schnittstelle

3.4 Funktionsprüfung der Schnittstelle

Die fertige Schnittstelle wird mit ihrer Steckkarte in den Slot 4 des ausgeschalteten Computers gesteckt, der Computer eingeschaltet und das Programm SCHNITTEST geladen, um die Funktionen der Schnittstelle zu überprüfen. Es bringt die Ausgänge periodisch in die verschiedenen möglichen Zustände und zeigt dabei die Zustände der Taste und aller Ein- und Ausgänge (nach einer kurzen Zeitverzögerung) an.

Falls die Schnittstelle dabei nicht einwandfrei arbeitet, liegt der Fehler wahrscheinlich an einer fehlenden oder schlechten Lötverbindung. Fehlerhafte Bauteile, insbesondere fehlerhafte integrierte Schaltungen, kauft man nur sehr selten.

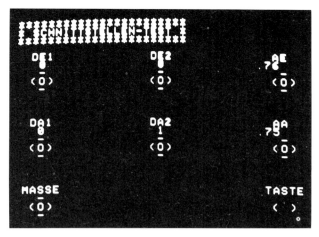

Abb.3-7: Bildschirm bei der Funktionsprüfung der Schnittstelle

Technische Daten der Mess-Schnittstelle:

Die Schnittstelle verfügt über
- zwei Digital-Eingänge, Eingangsspannung 0 Volt oder 5 Volt,
- zwei Digital-Ausgänge, Ausgangsspannung 0 Volt oder 5 Volt,
- einen Analog-Eingang, Messbereich 0 ... 2.55 Volt, Auflösung 10 Millivolt, Messzeit 1 Millisekunde, maximale Abtastfrequenz 1 Kilohertz,
- einen Analog-Ausgang, Bereich 0 ... 2.55 Volt, Auflösung 10 Millivolt.

Alle Eingänge sind gegen Ueberspannung bis etwa 100 Volt geschützt, alle Ausgänge sind dauerkurzschlussfest.

Achtung: Die Schnittstelle darf nur bei ausgeschaltetem Computer in den Apple-Slot gesteckt werden! Das Programm SCHNITTEST und die im folgenden beschriebenen Messprogramme erwarten die Schnittstelle in Slot 4.

3.5 Programmierung der Schnittstelle in BASIC

Zur digitalen und analogen Ein- und Ausgabe ist der VIA-Baustein der Schnittstelle mit der Befehlsfolge

```
SN=4: V=49280+16*SN: REM SN ist Slot-Nummer
POKE V+2,184: POKE V+3,255
POKE V+11,0: POKE V+14,0
```

zu initialisiern. V ist die VIA-Basisadresse. Der erste POKE-Befehl definiert die VIA-Leitungen PB3, PB4, PB5 und PB7 zu Ausgängen (PB7 und PB4 sind mit den Ausgängen DA1 und DA2 verbunden, PB3 steuert das Halte-Glied am Ausgang des

Digital-Analog-Wandlers und PB5 steuert den Tiefpass am Analog-Eingang), alle anderen zu Eingängen. Danach können die Ausgänge DA1 und DA2 mit

    POKE V,128*A1+16*A2

wahlweise auf hohe (A1=1 bzw. A2=1) oder niedrige Spannung (A1=0 bzw. A2=0) gesetzt werden. Mit

    H=PEEK(V)/2
    IF INT(H)=H THEN ...

wird abgefragt, ob die Taste an der Schnittstelle gedrückt ist. Die Eingänge DE1 und DE2 können mit

    H=INT(PEEK(V)/64)/2
    IF INT(H)=H THEN ...

und mit

    H=INT(PEEK(V)/2)/2
    IF INT(H)=H THEN ...

auf hohe Spannung abgefragt werden.

In Verbindung mit den im VIA-Baustein enthaltenen Zählern können die Digital-Eingänge zum Zählen von Impulsen und zur Zeitmessung benutzt werden. Das folgende Programm zählt Impulse am Eingang DE1 solange, bis eine Taste gedrückt wird:

```
10 SN=4: V=49280+16*SN
20 POKE V+2,184: POKE V,128: REM DA auf +5 Volt
30 POKE V+11,96: POKE V+14,0
40 POKE V+8,255: POKE V+9,255: REM Starte Zähler
50 PRINT 65535-256*PEEK(V+9)-PEEK(V+8);
60 POKE 36,0: REM Cursor zurück
70 REM prüfen, ob Taste gedrückt:
80 IF PEEK(-16384)<128 THEN 50
90 GET A$: PRINT
```

Das folgende Programm kann zur Zeitmessung dienen:

```
10 SN=4: V=49280+16*SN: Q=V+13: R=V+4: T=0
20 POKE V+2,184: POKE V,128: REM DA auf +5 Volt
25 POKE V+11,96: REM Zähler 1 zählt Prozessortakt
30 POKE V+13,0: POKE V+14,0
35 REM Warte auf +5 Volt an DE1:
40 H=INT(PEEK(V)/64)/2:IF INT(H)=H THEN 40
50 POKE V+4,206: POKE V+5,199: REM Starte Zähler
55 REM erhöhe T-Wert jeweils nach 50 ms:
60 H=INT(PEEK(Q)/64)/2:IF H>INT(H) THEN T=T+1:X=PEEK(R)
65 REM höre auf, wenn +5 Volt an DE2 liegt:
70 H=INT(PEEK(V)/2)/2: IF INT(H)=H THEN 60
80 PRINT T/20
```

Nach dem Start wartet das Programm, bis der Eingang DE1 auf hoher Spannung liegt, startet die Uhr und wartet, bis der Eingang DE2 auf hoher Spannung liegt. Anschliessend gibt es die Wartezeit in Sekunden aus, Die Messgenauigkeit beträgt

1/20 Sekunde. (Das Starten und Stoppen der Uhr kann durch Verbinden des jeweiligen Eingangs mit dem Ausgang DA1 erfolgen, da das Programm zu anfang diesen Ausgang auf hohe Spannung setzt.)

Zum Setzen eines Spannungswertes U (in Volt) am Analog-Ausgang AA kann die Befehlsfolge

```
U=...
POKE V+1,U*100
POKE V,8
```

dienen. Der erste POKE-Befehl gibt den Wert an den Wandler-Baustein, der zweite gibt den Ausgang frei. Zur Messung der Spannung an AE mit sukzessiver Approximation kann dieses Programm dienen:

```
10 SN=4: V=49280+16*SN
20 POKE V+3,255: POKE V+2,184: POKE V,8
30 POKE V+11,0: POKE V+14,0
40 U=0: F=128
50 FOR I=1 TO 8
55 :   POKE V+1,U+F: H=INT(PEEK(V)/4)/2
60 :   IF INT(H)=H THEN U=U+F
65 :   F=F/2
70 NEXT I
80 U=U/100: PRINT U
```

Nach Ablauf dieses Programms enthält die Variable U das Ergebnis in Volt. Während des Ablaufs dieses Programms kann die sukzessive Approximation mit einem an AA angeschlossenen Oszilloskop sichtbar gemacht werden. Mit diesem BASIC-Programm dauert die Messung einer Spannung etwa 1/5 Sekunde.

Mit kurzen Maschinenprogrammen, wie sie in den folgenden Kapiteln beschrieben werden, lassen sich wesentlich kürzere Messdauern und bei Zeitmessungen grössere Messgenauigkeiten erreichen.

3.6 Programmierung in TURBO-PASCAL *)

Hat man die Möglichkeit, TURBO-PASCAL auf seinem Rechner zu benutzen, so hat man es nur selten nötig, in Maschinensprache zu programmieren, da die Programm-Laufzeiten erheblich kürzer werden als in BASIC.

Im folgenden nehmen wir wieder an, dass die Schnittstelle in Slot 4 des Apple steckt. Durch Vereinbarung der Array-Variablen

   VAR VIA: PACKED ARRAY (0..15) OF BYTE ABSOLUTE $E0C0;

----

*) Dieser Abschnitt wurde aufgrund einer Anregung von U. Bangert und Dr. K. Krämer, Ruhr-Universität Bochum, Fachdidaktik Physik verfasst.

wird es möglich, die 16 Register des VIA-Bausteins als VIA(0) bis VIA(15) anzusprechen (Da TURBO-PASCAL unter CP/M läuft, ist die VIA-Basisadresse hier eine andere als in BASIC). Der VIA-Baustein wird durch Aufruf der Prozedur

```
PROCEDURE INTIVIA;
    VIA(3):=255; VIA(2):=184;
    VIA(11):=0; VIA(14):=0;
END;
```

initialisiert. Danach kann die Prozedur

```
PROCEDURE DIGIAUS(DA1,DA2:BOOLEAN);
VAR AUS:INTEGER;
BEGIN
    AUS:=0;
    IF DA1 THEN AUS:=128;
    IF DA2 THEN AUS:=AUS+16;
    VIA(0):=AUS;
END;
```

zum Setzen oder Löschen der Ausgänge DA1 und DA2 benutzt werden (TRUE: hohe Spannung). Die Funktion

```
FUNCTION TASTE: BOOLEAN;
BEGIN
    TASTE:= (VIA(0) AND 1) = 0;
END;
```

fragt den Zustand der Taste ab (TRUE: gedrückt). Sie kann in der Form

```
IF TASTE THEN ...
```

im Programm benutzt werden. Die Funktionen

```
FUNCTION DIGIEIN1: BOOLEAN;
BEGIN
    DIGIEIN1:= (VIA(0) AND 64) = 0;
END;

FUNCTION DIGIEIN2: BOOLEAN;
BEGIN
    DIGIEIN2:= (VIA(0) AND 2) = 0;
END;
```

fragen die Eingänge DE1 und DE2 ab (TRUE: hohe Spannung). Die folgende Funktion kann zur Zeitmessung dienen:

```
FUNCTION ZEIT: INTEGER;
VAR DUMMY: BYTE;
BEGIN
    ZEIT:=0;
    VIA(13):=0; VIA(11):=96;
    VIA(0):=128;           (* Ausgang DA1 setzen *)
    REPEAT UNTIL (VIA(0) AND 64) = 64;
    VIA(4):=255;           (* Zähler 1 auf 1 ms *)
    VIA(5):=3;
    REPEAT
        IF (VIA(13) AND 64) = 64 THEN
```

```
          BEGIN
             ZEIT:=ZEIT+1;
             DUMMY:=VIA(4);
          END;
       UNTIL (VIA(0) AND 2) = 2;
   END;
```

Nach dem Aufruf wartet die Funktion, bis der Eingang DE1 auf hoher Spannung liegt, startet die Uhr und wartet, bis DE2 auf hoher Spannung liegt. Der Funktionswert ist die Wartezeit in Millisekunden. Zur Frequenzmessung kann die folgende Funktion dienen:

```
   FUNCTION FREQUENZ: INTEGER;
   VAR I,DUMMY: INTEGER;
   BEGIN
      VIA(11):=96;
      VIA(8):=255;           (* Zähler 2 auf MAXINT *)
      VIA(9):=127;
      VIA(4):=206;           (* Zähler 1 auf 50 ms *)
      VIA(5):=199;
      FOR I:=1 TO 20 DO      (* 20 Zyklen dauern 1 s *)
      BEGIN
         REPEAT UNTIL (VIA(13) AND 64) = 64;
         DUMMY:=VIA(4);
      END;
      FREQUENZ:=MAXINT-VIA(9)*256-VIA(8);
   END;
```

Das Signal (Rechteckspannung zwischen 0 und 5 Volt) muss an den Eingang DE1 gelegt werden. Der Funktionswert ist die Frequenz in Hertz. Die folgende Prozedur dient zur Ausgabe eines Spannungswertes am Ausgang AA:

```
   PROCEDURE ANAAUS(SPANNUNG:REAL);
   BEGIN
      VIA(1):=TRUNC(SPANNUNG*100.0);
      VIA(0):=8;
   END;
```

Die erste Zuweisung gibt den Spannungswert an den Wandler-Baustein, die zweite gibt den Ausgang frei. Es dürfen nur Werte im Bereich 0.0 ... 2.55 Volt ausgegeben werden. Die folgende Funktion dient zum Messen der Spannung am Eingang AE:

```
   FUNCTION ANAEIN: REAL;
   VAR U,F,I: INTEGER;
   BEGIN
      U:=0; F:=128;
      VIA(0):=0;
      FOR I:=1 TO 8 DO
      BEGIN
         VIA(1):=U+F;
         IF (VIA(0) AND 4) = 0 THEN U:=U+F;
         F:=F DIV 2;
      END;
      ANAEIN:=U/100.0;
   END;
```

4 Zeit- und Geschwindigkeitsmessung

Dieser Abschnitt zeigt, wie man den Computer als Stoppuhr benutzen kann, und behandelt das Erfassen anderer Messgrössen, die sich durch Zeitmessung indirekt bestimmen lassen.

4.1 Zeitmessung, Programme 'STOPPUHR' und 'STOPPUHRAUS'

Der VIA-Baustein der Mess-Schnittstelle verfügt über zwei spezielle Zähler, die sich als Stoppuhren verwenden lassen. Wir benutzen für die folgenden Versuche den einen dieser Zähler - sie werden in den Handbüchern als 'Timer' bezeichnet - zur Zeitmessung. Den Timer lassen wir die Taktimpulse der Rechner-Zentraleinheit zählen. Ihre Taktfrequenz beträgt 1023 Kilohertz. Da der Timer nur bis maximal 65535 Ereignisse zählen kann, lassen sich mit ihm keine längeren Zeiten als etwa 65 Millisekunden messen. Wir benutzen daher ein Register des Apple als zweiten Zähler, das die Ueberläufe des Timers zählt, und können damit Zeiten bis über 16 Sekunden messen, was für die meissten Anwendungen genügen dürfte. Prinzipiell wäre bei einer Taktfrequenz von 1023 Kilohertz eine Auflösung von etwa 1 Mikrosekunde möglich. Da der Computer jedoch auf einen Start- oder Stopp-Impuls so schnell nicht reagieren kann, erreichen wir nur eine Auflösung von etwa 50 Mikrosekunden. Dies ist jedoch immer noch so gut wie die Auflösung der meisten in der Schule benutzten elektronischen Stoppuhren.

Um den Apple II als Stoppuhr zu benutzen, steckt man die Mess-Schnittstelle in den Slot 4 des ausgeschaltetem Computers. Dann schaltet man den Computer ein und lädt das Programm 'STOPPUHR'. Nach dem Starten des Programms hat man eine von vier Betriebsarten zu wählen:

(1) Start der Uhr mit Impuls an Eingang DE1, Stopp mit Impuls an Eingang DE2,
(2) Messung der Periodendauer einer Schwingung am Eingang DE1,
(3) Messung der Dauer eines Impulses am Eingang DE1,
(4) Geschwindigkeitsmessung mit Lichtschranke am Eingang DE1.

In allen Betriebsarten kann das Starten und Stoppen der Uhr wahlweise durch eine fallende oder eine steigende Spannungsflanke ausgelöst werden.

Die erste Betriebsart kann zur Messung der Reaktionszeit eines Menschen dienen. Dazu schaltet man nach Abb. 4-1 Tasten zwischen den Ausgang DA1 und die Eingänge DE1 und DE2. Solange die Tasten nicht gedrückt werden, sind die Eingänge intern mit Masse verbunden. Da das Programm 'STOPPUHR' an den Ausgang DA1 die Spannung 5 Volt legt, ändert sich beim Drücken einer Taste der Zustand des angeschlossenen Einganges. Zur Messung der Reaktionszeit lassen wir die Uhr von den positiven Impulsflanken starten und stoppen. Damit startet und stoppt die Uhr beim Drücken

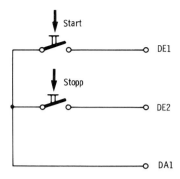

Abb.4-1: Schaltbild zur Messung der Reaktionszeit eines Menschen

und nicht beim Loslassen der Tasten.

Messung der Fallzeit einer Stahlkugel

Das Programm 'STOPPUHR' kann in der ersten Betriebsart auch zum Messen der Fallzeit einer Stahlkugel benutzt werden. Dazu muss die Uhr beim Loslassen der Kugel gestartet und nach dem Zurücklegen der vorgesehenen Fallstrecke gestoppt werden. Das Stoppen kann mit einer Gabel-Lichtschranke oder mit einem mechanischen Kontakt erfolgen. Das Starten der Uhr kann mit dem Abschalten eines Haltemagneten auf zwei Arten synchronisiert werden:

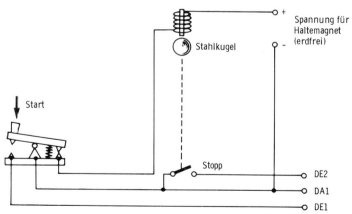

Abb.4-2: Versuchsaufbau zur Messung der Fallzeit einer Kugel mit Morsetaste

- mit einer Morsetaste, die bei Betätigung den Strom zum Haltemagneten unterbricht und fast gleichzeitig den Startkontakt schliesst. Dazu muss die Uhr von den

positiven Impulsflanken gestartet und gestoppt werden. Bei guter Justierung der Morsetaste und schneller Betätigung liegt die Zeitverzögerung zwischen dem Oeffnen des einen und dem Schliessen des anderen Kontaktes unter einer Millisekunde.
- mit einem zweipoligen Ausschalter. Dazu muss die Uhr mit einer negativen Impulsflanke gestartet und mit einer positiven gestoppt werden. Dieses Verfahren hat den Vorteil, dass der Stromkreis für den Haltemagneten vom Computer galvanisch getrennt ist.

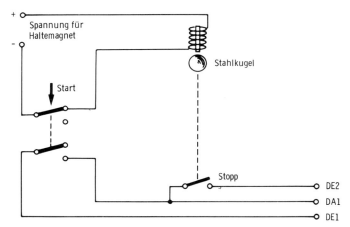

Abb.4-3: Versuchsaufbau zur Messung der Fallzeit einer Stahlkugel mit zweipoligem Schalter

Messung von Perioden- und Pulsdauern

Zur Messung der Periodendauer einer Schwingung dient das Programm 'STOPPUHR' in seiner zweiten Betriebsart. Handelt es sich um eine mechanische Schwingung, dann befestigen wir an den schwingenden Körper eine Fahne aus Pappe, die während einer Schwingungsperiode genau einmal den Lichtstrahl einer Gabel-Lichtschranke unterbricht. Den Ausgang der Lichtschranke verbinden wir mit dem Eingang DE1.

Zur Messung der Periodendauer einer elektrischen Rechteckschwingung zwischen den Pegeln 0 Volt und +5 Volt kann die Schwingung direkt auf den Eingang DE1 gegeben werden. Bei anderen Schwingungsformen muss ein Schmitt-Trigger zur Impuls-Formung benutzt werden.

In seiner dritten Betriebsart dient das Programm 'STOPPUHR' zur Messung von Impulsdauern. Es können wahlweise positive oder negative Impulse gemessen werden.

Das Programm 'STOPPUHRAUS' bietet die gleichen Messmöglichkeiten wie das Programm 'STOPPUHR', erlaubt aber die Aufnahme von Messreihen mit anschliessender graphischer Auswertung. Damit lässt sich etwa die Abhängigkeit der Schwingungsdauer eines Fadenpendels von der Fadenlänge oder

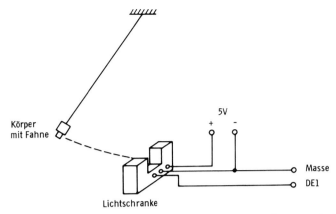

Abb. 4-4: Versuchsaufbau zur Messung der Periodendauer einer mechanischen Schwingung

die Abhängigkeit der Impulsdauer einer monostabilen Kippstufe von der Kapazität des Kondensators untersuchen.

4.2 Geschwindigkeitsmessung

Zur Messung der Geschwindigkeit eines Körpers befestigt man an ihm eine rechteckige Fahne aus Pappe, die während der Bewegung des Körpers den Lichtstrahl einer Gabel-Lichtschranke unterbricht. Den Ausgang der Lichtschranke verbindet man mit dem Eingang DE1 der Mess-Schnittstelle. Man lädt und startet das Programm 'STOPPUHR' und wählt die vierte Betriebsart. Das Programm fragt nach der Breite der Fahne, misst die Verdunkelungszeit und berechnet dann die Geschwindigkeit als Quotient aus Fahnenbreite und Verdunkelungszeit.

Dieses Messverfahren lässt sich gut bei der Einführung der Momentangeschwindigkeit einsetzen. Dazu befestigt man an dem Fahrzeug immer kürzere Papp-Fahnen, die die Lichtschranke unterbrechen und benutzt das Programm 'STOPPUHRAUS'. Die Auswertung erfolgt durch graphische Darstellung der Geschwindigkeit über der Fahnenbreite und Extrapolation auf Null.

Zur Ueberprüfung des Energiesatzes beim Fadenpendel befestigen wir an den schwingenden Körper eine Papp-Fahne, die im tiefsten Punkt der Kreisbahn eine Gabel-Lichtschranke unterbricht. Die aus der gemessenen Geschwindigkeit errechnete kinetische Energie vergleichen wir mit der Lage-Energie im höchsten Punkt der Bewegung. Natürlich lässt sich durch Verschieben der Lichtschranke die kinetische Energie des Pendel-Körpers an jedem Punkt der Bahnkurve bestimmen.

Geschwindigkeitsverteilung im Kugelgas,
   Programm 'GESCHWISTAT'

Mit der gleichen Messanordnung lässt sich die Geschwindigkeit einer Glas- oder Stahlkugel in einem Kugelgas - zumindest näherungsweise - bestimmen. Wir stellen das Kugelgas-Gerät zwischen die Schenkel der Lichtschranke. Die umherfliegenden Kugeln werden dann gelegentlich die Lichtschranke unterbrechen.

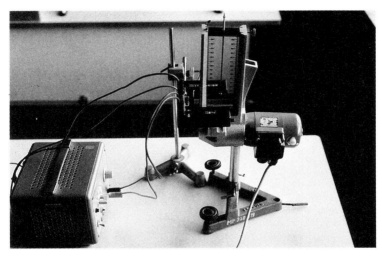

Abb.4-5: Versuchsaufbau Kugelgas

Leider ist der Quotient aus Kugeldurchmesser und Verdunkelungszeit nicht immer gleich der Geschwindigkeit der Kugel, da
 - die Komponente der Geschwindigkeit in Lichtrichtung bei der Messung nicht erfasst wird,
 - die Kugel den Lichtstrahl nicht immer zentral schneidet,
 - der Lichtstrahl durch seine Ausdehnung den Messwert verfälscht und
 - auch mehrere Kugeln fast gleichzeitig die Lichtschranke verdunkeln können.

Die erste und die letzte Fehlerquelle verkleinern den Messwert, die zweite vergrössert ihn. Der Einfluss der dritten Fehlerquelle hängt von der Triggerschwelle der Lichtschranke ab, daher lässt sich seine Wirkung auf den Messwert nicht vorhersagen. Die Messergebnisse werden zeigen, ob sich die Wirkungen dieser Fehler gegenseitig aufheben.
Wir lassen den Versuchsaufbau unverändert und laden das Programm 'GESCHWISTAT'. Es erfragt den Durchmesser und die erwartete maximale Geschwindigkeit der Kugeln, misst dann fortlaufend die Geschwindigkeiten der vorbeifliegenden Kugeln und trägt die Messwerte in ein Histogramm ein. Ein Histogramm ist ein Balkendiagramm der Häufigkeitsverteilung.

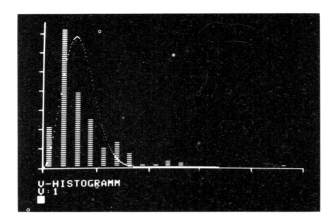

Abb.4-6: Geschwindigkeits-Histogramm für ein Kugelgas mit BOLTZMANN-Verteilung

Durch Drücken der Leertaste wird der Messvorgang unterbrochen. Danach kann der Messvorgang fortgesetzt werden, können die Daten auf Diskette geschrieben werden, Daten einer früheren Messung von der Diskette gelesen werden oder in das Histogramm die theoretische Verteilung nach BOLTZMANN eingetragen werden:

dN/N = 4*v↑2*exp(-v↑2/vm↑2)/(sqr(pi)*vm↑3)*dv

(Es bedeuten dN/N die relative Häufigkeit der Geschwindigkeit im Intervall von v bis v+dv, vm ist der häufigste Geschwindigkeitswert, gibt also die Lage des Maximums der Verteilung an; soll eine BOLTZMANN-Verteilung eingetragen werden, ist der Wert für vm aus dem Histogramm abzulesen und dann mit der Tastatur einzugeben. vm hängt mit der Temperatur T und der Molekülmasse m nach vm = sqr(2*k*T/m) zusammen).

Die Abbildung zeigt, dass eine BOLTZMANN-Verteilung bei geeignet gewählter 'Temperatur' des Kugelgases nur grob zum experimentell gewonnenen Histogramm passt. Die oben erwähnten Messfehler bewirken eine scheinbare Verbreiterung der Geschwindigkeitsverteilung.

Messung der Schallgeschwindigkeit in Luft

Das Programm 'STOPPUHR' kann auch zur Messung der Schallgeschwindigkeit benutzt werden. Dazu wählen wir die erste Betriebsart mit positiven Flanken und schliessen zwei Mikrofone über Verstärker an die Eingänge DE1 und DE2 an. Der notwendige Verstärkungsfaktor hängt von der Lautstärke des Schallereignisses und von der Art der benutzten Mikrofone ab und liegt im Bereich 100...10000. Wegen der Genauigkeit des Messverfahrens erhält man bei einer

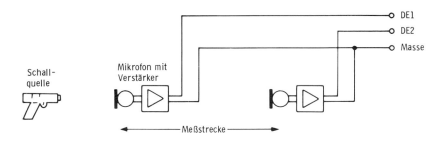

Abb.4-7: Versuchsaufbau zur Messung der Schallgeschwindigkeit

Mess-Strecke von einem Meter sehr gute Messwerte, falls man einen scharfen Knall zur Messung benutzt. Gut eignet sich dazu eine Luftdruck-Pistole. Ein Klatschen mit der Hand ist weniger gut geeignet, denn dabei steigt der Schallpegel langsamer an. Dies bewirkt eine scheinbare Verlängerung der Laufzeit des Schalls.

4.3 Aufzeichnung einer geradlinigen Bewegung, Programm 'BEWEGAUS'

Zur Aufzeichnung der Weg-Zeit-Abhängigkeit einer geradlinigen Bewegung wird meist eine Fahrbahn verwendet. Der Körper auf der Fahrbahn ist mit einem Funkenschreiber versehen, der in regelmässigen Zeitabständen unter Hochspannung gesetzt wird. Durch Funkenüberschläge entstehen Brandmarken auf Metallpapier. Diese Methode erlaubt zwar einen sehr schnellen Messvorgang, jedoch ist das Ablesen der Werte sehr zeitaufwendig. Ausserdem lässt sich eine Bewegung mit Richtungsumkehr nicht eindeutig registrieren, da die Brandmarken der Vor- und der Rückwärtsfahrt nicht zu unterscheiden sind.

Wir benötigen zur Aufzeichnung einer Bewegung ohne Richtungsumkehr ausser der Fahrbahn und dem Computer mit Mess-Schnittstelle
- eine Gabel-Lichtschranke und
- ein Plexiglas-Lineal.

Auf das Plexiglas-Lineal sind etwa zwanzig je 8 mm breite lichtundurchlässige Streifen im Abstand von je 8 mm aufgeklebt. Wir verbinden die Lichtschranke mit dem Eingang DE1 und befestigen das Lineal so an dem Körper, dass die Marken bei der Bewegung die Lichschranke unterbrechen. Wir laden das Programm 'BEWEGAUS'. Es erfragt die Breite der

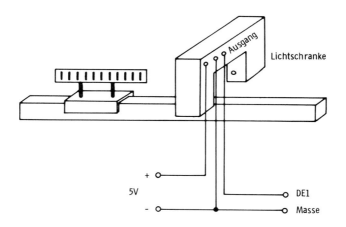

Abb.4-8: Gesamtansicht des Versuchsaufbaus zur Aufzeichnung geradliniger Bewegungen

Abb.4-9: Der Körper fährt durch die Lichtschranke

Streifen und die Anzahl der gewünschten Messwerte-Paare, startet die Uhr des Computers bei der ersten Verdunkelung der Lichtschranke und speichert dann bei jeder Verdunkelung die Werte für Strecke und Zeit.

Danach stehen alle Möglichkeiten des Programms 'AUSWERT' zur Auswertung der Messreihe zur Verfügung. Damit lassen sich die Abhängigkeit des Weges und der Geschwindigkeit von der Zeit für alle wichtigen geradlinigen Bewegungen schnell und bequem untersuchen.

Zur Aufzeichnung einer Bewegung mit Richtungsumkehr ist nicht bei jeder Verdunkelung der Lichtschranke der Streckenwert zu erhöhen, sondern bei Rückwärtsfahrt zu vermindern. Die Entscheidung, ob der Streckenwert erhöht

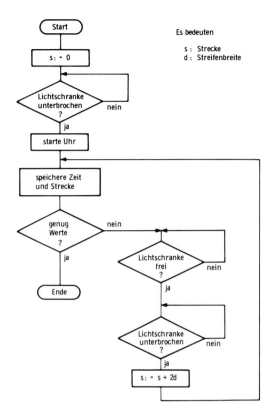

Abb.4-10: Flussdiagramm des Messvorgangs

oder vermindert werden soll, trifft eine zweite Lichtschranke. Diese ist so anzubringen, dass bei Verdunkelung der ersten Lichtschranke die zweite bei Vorwärtsfahrt dunkel und bei Rückwärtsfahrt hell ist.

Die zweite Lichtschranke wird mit dem Eingang DE2 verbunden. Zur Messung dient das gleiche Programm 'BEWEGAUS'.

Anregungen für Bewegungsversuche

1) Man untersuche die Bewegung eines Körpers, der sich kraftfrei auf der Fahrbahn bewegt.
2) Ein kleines Massestück wird mit einem Faden über eine Umlenkrolle mit einem Körper auf der Fahrbahn verbunden. Damit wird der Körper gleichmässig beschleunigt. Man untersuche die Bewegung mit und ohne Anfangsgeschwindigkeit, auch mit Anfangsgeschwindigkeit gegen die Kraftrichtung,
3) ATWOODsche Fallmaschine: Ein Seil wird über eine feste Rolle geführt. An den Enden hängen zwei fast gleich schwere Massen. Sie werden durch die Differenz der

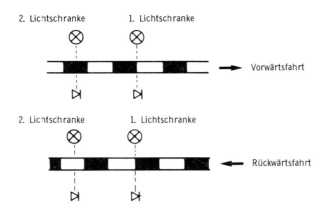

Abb.4-11: Funktion der zweiten Lichtschranke

Gewichtskräfte nur schwach beschleunigt. An das eine Gewichtsstück wird das Plexiglas-Lineal befestigt.
4) Freier Fall: Das Plexiglas-Lineal durchfällt die Lichtschranke. Die Fallbeschleunigung ergibt sich als Steigung der Geschwindigkeit-Zeit-Geraden.
5) Harmonische Schwingung: Ein Körper wird auf der Fahrbahn zwischen zwei weichen Federn eingespannt und aus der Ruhelage ausgelenkt. Dabei kann auch die Phasenverschiebung zwischen Weg und Geschwindigkeit untersucht werden.

4.4 Stossversuche, Programme 'STOSS' und 'STOSSAUS'

Bei Stossversuchen auf der Fahrbahn sollen bis zu vier Geschwindigkeiten in kurzer Zeit gemessen werden. Diese Aufgabe ist ohne Computer nur mit sehr grossem apparativem Aufwand zu lösen.

Wir benötigen ausser der Fahrbahn und dem Computer mit Mess-Schnittstelle nur zwei Lichtschranken, von denen die eine links und die andere rechts vom Ort des Stosses angebracht wird, und zwei Papp-Fahnen, die an den stossenden Körpern befestigt werden.

Die linke Lichtschranke ist mit Eingang DE1, die rechte mit DE2 zu verbinden. Wir laden und starten das Programm 'STOSS'. Es fragt nach der Fahnenbreite und danach, welche Geschwindigkeiten gemessen werden sollen. Während des Versuchs werden die Verdunkelungszeiten der Lichtschranken gemessen, daraus die gewünschten Geschwindigkeiten berechnet (ihre Vorzeichen ergeben sich aus der Reihenfolge der Verdunkelungen der Lichtschranken) und danach auf dem Bildschirm angezeigt.

Es kann vorkommen, dass nach einem Stoss die Geschwindigkeit eines Körpers Null ist. Dann würde das Programm immer weiter

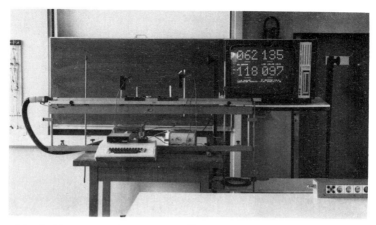

Abb.4-12: Versuchsaufbau für Stossversuche

Abb.4-13: Anzeige der Geschwindigkeiten

darauf warten, dass die Lichtschranke durchfahren wird. In diesem Fall ist die Taste der Mess-Schnittstelle zu drücken. Dies bewirkt, dass die Messung abgebrochen und der noch nicht gemessene Geschwindigkeitswert Null gesetzt wird.

Anregungen für Stossversuche

1) Zwischen zwei mit einem Faden verbundenen Fahrzeugen wird eine gespannte Feder angebracht, dann wird der Faden durchgebrannt. Die Geschwindigkeiten beider Fahrzeuge nach dem Stoss werden gemessen. Dieser Versuch kann zur Einführung der Grösse 'Impuls' dienen.
2) Ein Fahrzeug mit vorn angebrachter Feder stösst elastisch auf ein vorher ruhendes oder bewegtes zweites. Drei bzw. vier Geschwindigkeiten sind zu messen.

3) Ein Fahrzeug mit vorn angebrachter Knetmasse stösst total inelastisch auf ein vorher ruhendes oder bewegtes zweites.

Experimentelle Herleitung der Stossgesetze

Das Programm 'STOSSAUS' ermöglicht das Erfassen von Messreihen zu Stossversuchen. Damit lassen sich die Stossgesetze induktiv herleiten: Ein Körper stösst elastisch auf den vorher ruhenden zweiten. Wir messen bei jedem Stoss die drei Geschwindigkeiten v1, u1 und u2 (v: vor dem Stoss, u: nach dem Stoss), zunächst bei konstanten Massen.

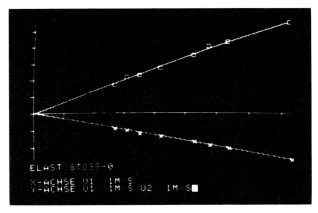

Abb.4-14: Elastischer Stoss bei konstanten Massen

Dabei zeigt sich, dass u1 und u2 beide zu v1 proportional sind. Jetzt untersuchen wir die Verhältnisse u1/v1 und u2/v1 bei konstanter Gesamtmasse m = m1+m2, in Abhängigkeit von m1.

Die graphische Darstellung von u1/v1 und u2/v1 über m1 ergibt Geraden gleicher Steigung, aus denen sich die Gesetze für den elastischen Stoss - zunächst für v2=0 - ergeben. Nach einer GALILEI-Transformation erhält man die allgemeine Form.

Die Gesetze für den total inelastischen Stoss lassen sich ähnlich herleiten: Messen wir die Geschwindigkeit v1 vor dem Stoss bei ruhendem zweitem Fahrzeug und die Geschwindigkeit u2 nach dem Stoss mehrfach bei konstanten Massen, zeigt sich, dass v1 und u2 proportional sind. Untersuchen wir jetzt das Verhältnis u2/v1 bei konstantem m1 in Abhängigkeit von m2, so erhalten wir keine Gerade, jedoch ergibt der Kehrwert v1/u2 über m2 aufgetragen eine Gerade mit Steigung 1/m1 und Abschnitt 1.

Bei der Auswertung inelastischer Stösse zeigt sich, dass die Abweichungen zwischen Theorie und Experiment deutlich grösser sind als bei elastischen Stössen. Der Grund liegt

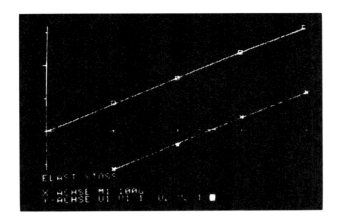

Abb.4-15: Gesetze des elastischen Stosses

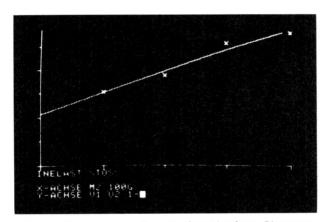

Abb.4-16: Gesetze des inelastischen Stosses

sicher darin, dass die Fahrzeuge sich beim inelastischen Stoss leicht etwas verkanten, was eine Reibung an der Fahrbahn zur Folge hat. Um diesen Effekt auszuschalten, empfiehlt es sich, beide Geschwindigkeiten u1 und u2 nach dem Stoss zu messen und bei deutlichen Abweichungen zwischen u1 und u2 die Messung zu wiederholen.

5 Zählen von Ereignissen

In diesem Abschnitt geht es um das Zählen von Zählrohr-Impulsen und um das Messen von Frequenzen und Drehzahlen.

5.1 Zählen von Impulsen,

Programme 'ZAEHLER', 'ZAEHLAUS' und 'ZAEHLSTAT'

Der Eingang DE1 der Mess-Schnittstelle kann zum Zählen der Impulse eines Geiger-Müller-Zählrohres oder eines Szintillations-Detektors dienen. Dazu verbindet man den Zähler-Ausgang des Zählrohr-Betriebsgerätes mit dem Eingang DE1 der Mess-Schnittstelle.

Abb.5-1: Schaltung zum Zählen von Zählrohr-Impulsen

Zum Zählen der Impulse am Eingang DE1 dient das Programm 'ZAEHLER'. Es fragt nach der gewünschten Zählzeit, beginnt mit dem Zählen und zeigt nach Ablauf der Zählzeit die Anzahl der gezählten Impulse in deutlich sichtbaren grossen Ziffern auf dem Bildschirm an. Ausserdem berechnet es die mittlere Zählfrequenz. Die Zählzeit ist im Bereich 0.05...10 Sekunden wählbar. Die Totzeit des Zählers beträgt etwa 2 Mikrosekunden und liegt damit in der Grössenordnung der Totzeit eines guten Zählrohres.

Das Programm 'ZAEHLSTAT' benutzt die gleiche Messanordnung und dient zur Untersuchung der Statistik der Zählraten. Es erfragt die Zählzeit und zählt dann immer wieder, jeweils die eingegebene Zählzeit lang. Nach jeder Zählung trägt es die Zählrate in ein Zählraten-Histogramm ein. Das Zählen wird solange fortgesetzt, bis die Leertaste gedrückt wird. Dann werden der Mittelwert und die Standardabweichung der Zählraten ausgegeben. Danach können die Daten auf Diskette gespeichert werden, es können zum Vergleich andere (früher gemessene) Daten von der Diskette gelesen werden, oder es

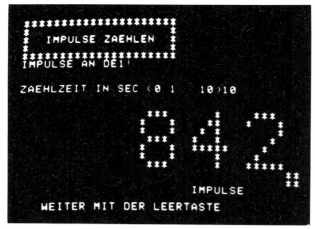

Abb.5-2: Anzeige des Programms 'ZAEHLER'

kann in das Histogramm die Kurve der Normal-Verteilung eingetragen werden:

dN/N = (s*sqr(2*pi))↑-1*exp(-(r-rm)↑2/2*s↑2)*dr

(es bedeuten dN/N die relative Häufigkeit der Zählrate im Intervall von r bis r+dr, rm den Mittelwert und s die Standardabweichung der Zählrate.)

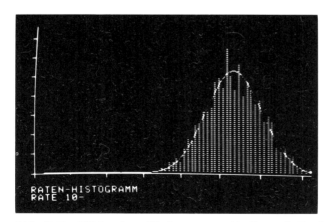

Abb.5-3: Zählraten-Histogramm mit Normal-Verteilung

Mit der gleichen Messanordnung und dem Programm 'ZAEHLAUS' lässt sich die Absorption von Röntgen- oder Gammastrahlen untersuchen. Das Programm erfragt die gewünschte Zeitdauer einer Zählung und den Namen und die Einheit des Parameters (hier die Schichtdicke des zu untersuchenden Materials). Bei jeder Zählung erfragt es dann die Schichtdicke.

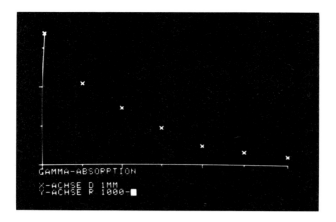

Abb.5-4: Absorption von Gamma-Strahlung in Blei

Nach der Messung stehen die Auswert-Möglichkeiten des Programms 'AUSWERT' zur Verfügung. In diesem Beispiel ergibt ein Logarithmieren der Zählraten in guter Näherung eine Gerade.

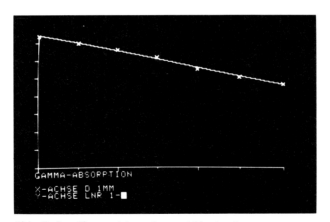

Abb.5-5: Absorption logarithmisch

5.2 Radioaktiver Zerfall, Programm 'ZERFALLAUS'

Zur Untersuchung des Zerfalls einer radioaktiven Substanz dient das Programm 'ZERFALLAUS'. Nach dem Starten erfragt es die gewünschte Anzahl der Zählungen und die Zeit für eine Zählung. Nun steckt man eine in einer Neutronenquelle aktivierte Probe auf ein Finger-Zählrohr (ein Fenster-Zählrohr eignet sich für diesen Zweck wegen seiner geringen Ausbeute nicht). Das Programm zählt jetzt mehrmals nacheinander und erlaubt eine graphische Darstellung der Zählrate über der Zeit.

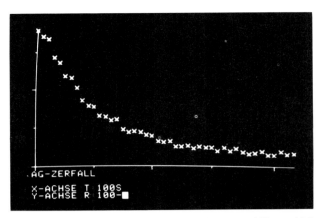

Abb.5-6: Radioaktiver Zerfall von Silber 108 und 110

Nach der Messung stehen auch hier die bekannten Auswert-Möglichkeiten zur Verfügung. Darüber hinaus lassen sich Ausgleichsgeraden und -kurven mit diesem Programm auch nur für die linke oder die rechte Hälfte aller Messwerte darstellen. Enthält die Probe nur ein einziges radioaktives Isotop, lässt sich die Zerfallskonstante nach dem Logarithmieren der Zählraten als Steigung der Ausgleichsgeraden bestimmen. Vor dem Logarithmieren der Zählraten ist der Nulleffekt abzuziehen! Die Abbildung 5-6 zeigt den Zerfall von künstlich aktiviertem Silber. Da natürliches Silber zu etwa gleichen Teilen aus zwei Isotopen (107 und 109) besteht, die bei Neutronenbestrahlung radioaktive Nuklide verschiedener Halbwertszeit liefern, liefert die logarithmische Darstellung der Zählraten über der Zeit keine Gerade, sondern eine Kurve, die eine fallende Gerade als Asymptote besitzt. Diese Asymptote erhält man in guter Näherung, indem man die Ausgleichsgerade nur für die rechte Hälfte der Messwerte berechnen lässt.

Zieht man jetzt die nach dieser Ausgleichsgerade berechneten theoretischen Zählraten für den Zerfall von Ag 108 von den gemessenen Zählraten ab und logarithmiert man diese Werte, so erhält man in der graphischen Darstellung wieder näherungsweise eine Gerade, aus der sich der Zerfall von Ag 110 ergibt.

Abb.5-8 zeigt, dass eine Ausgleichsgerade für diese Werte offensichtlich ein zu schwaches Gefälle besitzt. Der Grund dafür liegt darin, dass sich beim Abziehen der berechneten Raten für Ag 108 teilweise negative Werte ergeben. Diese Werte werden beim logarithmieren nicht berücksichtigt, so dass in diesem Bereich die Logarithmen im Schnitt zu gross sind. Eine brauchbare Ausgleichsgerade erhält man, wenn man nur die linke Hälfte dieser Werte benutzt.

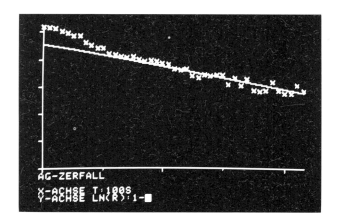

Abb.5-7: Radioaktiver Zerfall logarithmisch

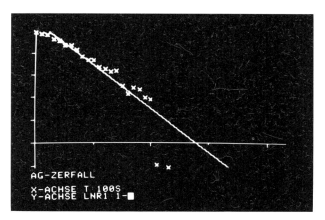

Abb.5-8: Zerfall von Ag 110 logarithmisch

5.3 Frequenzmessung

Das Programm 'ZAEHLER' kann auch zur Frequenz- oder Drehzahlzmessung benutzt werden. Zur Drehzahlmessung kann ein Rad mit Loch benutzt werden, das bei jeder Umdrehung an der Lichtschranke einen Impuls erzeugt. Bei mechanischen Schwinungen ist an dem bewegten Körper eine Fahne anzubringen, die eine Gabel-Lichtschranke pro Periode genau einmal unterbricht. Die Lichtschranke ist mit dem Eingang DE1 der Mess-Schnittstelle zu verbinden.

Elektrische Rechteckschwingungen können bei passendem Spannungspegeln direkt auf den Eingang DE1 gegeben werden; bei anderen Schwingungsformen oder bei verrauschten Signalen

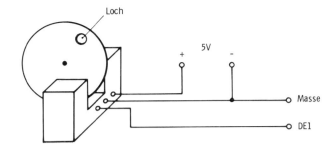

Abb.5-9: Schaltbild zur Frequenz- und Drehzahlmessung

kann ein Schmitt-Trigger nötig sein, damit das Messverfahren einwandfrei arbeitet.

Achtung: Die höchste messbare Frequenz beträgt 500 Kilohertz. Wird eine höhere Frequenz an den Eingang DE1 gelegt, zeigt das Programm unsinnige Ergebnisse an!

Soll die Abhängigkeit der Frequenz von einer anderen Grösse untersucht werden, etwa von der Kapazität oder der Induktivität eines Schwingkreises, so kann das Programm 'ZAEHLAUS' benutzt werden. Es fragt nach dem Namen und der Einheit der Parameter-Grösse. Ihr Zahlenwert ist dann bei jeder Messung anzugeben. Nach den Messungen stehen die Möglichkeiten des Programms 'AUSWERT' zur Verfügung.

6 Messung elektrischer Grössen

Dieser Abschnitt behandelt das Messen von Spannungen, Stromstärken und Widerständen. Zunächst wird das Prinzip der Messung solcher Grössen erläutert, danach folgen einige Versuchsbeschreibungen.

6.1 Messung von Widerständen

An den Spiele-Anschluss (Game-Connector) des Apple II lassen sich vier Widerstände anschliessen, deren Werte mit dem BASIC-Befehl PDL( ) oder mit einem kurzen Maschinenprogramm gemessen werden können. Zum Anschluss der Widerstände ist ein 16-poliger Steckverbinder mit Flachbandkabel erforderlich.

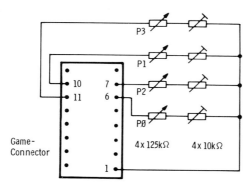

Abb.6-1: Anschluss der Widerstände am Game-Connector

Das Prinzip der Messung ist, dass ein im Rechner eingebauter Kondensator über den angeschlossenen Widerstand aufgeladen wird und die Zeit gemessen wird, nach der eine feste Vergleichsspannung erreicht ist. Diese Zeit ist zum Widerstand proportional. Die in Abb.6-1 angegebenen Trimmpotentiometer dienen zur Justierung des Nullpunkts. Sie sind bei kurzgeschlossenen externen Widerständen so einzustellen, dass das Messergebnis gerade noch Null ist. Kommt es nicht auf einen genauen Nullpunkt an, können sie weggelassen werden.

Mit dieser Anordnung können Widerstände im Bereich 0...125 Kiloohm mit einer Auflösung von 1 Kiloohm gemessen werden. Der Messfehler beträgt etwa 5%. Eine Messung dauert etwa drei Millisekunden, also beträgt die grösste erreichbare Messfrequenz etwa 300 Hertz.

6.2 Messung von Spannungen,
Programme 'DIGIMULT' und 'ANAMULT'

Zur Spannungsmessung benutzt man die Mess-Schnittstelle zusammen mit einem Messprogramm für die sukzessive Approximation. Die Mess-Schnittstelle wird in den Slot 4 des ausgeschaltetem Computers gesteckt. Dann wird der Computer eingeschaltet, das Programm 'DIGIMULT' geladen und gestartet. Die zu messende Spannung wird zwischen den Analog-Eingang AE und den Masse-Anschluss gelegt. Das Programm 'DIGIMULT' misst laufend diese Spannung und zwei Widerstände am Game-Connector und gibt die Messwerte in grossen Ziffern auf dem Bildschirm aus.

Abb.6-2: Anschluss einer zu messenden Spannung

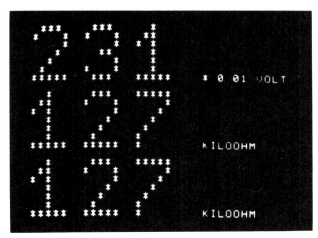

Abb.6-3: Anzeige des Programms 'DIGIMULT'

Achtung: Es können nur positive Spannungen gegen Masse im Bereich 0...2.55 Volt direkt gemessen werden!

Zur Messung höherer Spannungen als 2.55 Volt muss ein Spannungsteiler nach Abb.6-4 vorgeschaltet werden. Zum Aufbau des Spannungsteilers sollten Messwiderstände von 1% Toleranz benutzt werden.

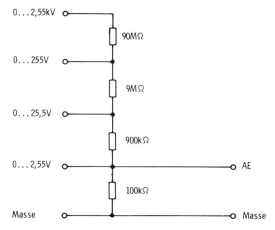

Abb.6-4: Schaltbild des Mess-Spannungsteilers

Sollen auch negative Spannungen gegen Masse gemessen werden, kann eine positive Vorspannung nach Abb.6-5 benutzt werden. Mit der angegebenen Dimensionierung erhält man den Messbereich -2.55 ... +2.55 Volt.

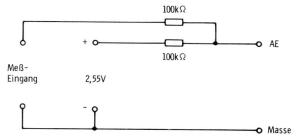

Abb.6-5: Schaltbild zur Messung negativer Spannungen

Mit dem Programm 'ANAMULT' erfasst der Computer ebenfalls die Spannung am Analog-Eingang AE und zwei Widerstände am Game-Connector. Die Messergebnisse werden jedoch nicht digital, sondern auf Skalen analog angezeigt.

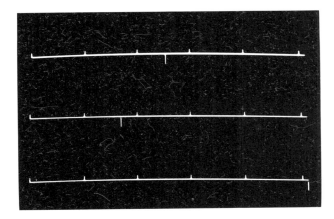

Abb.6-6: Anzeige des Programms 'ANAMULT'

Die analoge Anzeige ist besonders nützlich, wenn eine langsame Aenderung der Messgrössen qualitativ beobachtet werden soll, zum Beispiel bei langsamen elektrischen Schwingungen.

Hinweise zur Benutzung der Programme 'DIGIMULT' und 'ANAMULT':

1) Die Spannung ist an den Analog-Eingang zu legen. Es können nur positive Spannungen gegen Masse im Bereich 0 ... 2.55 Volt direkt gemessen werden. Masse-Verbindung nicht vergessen!

2) An den Game-Connector dürfen nur passive Widerstände im Bereich 0...125 Kiloohm angeschlossen werden. Beim Anschluss externer Spannungen kann der Computer beschädigt werden!

4) Höhere Spannungen als 2.55 Volt werden als 2.55 Volt, höhere Widerstände als 127 Kiloohm werden als 127 Kiloohm, negative Spannungen werden als 0 Volt angezeigt.

6.3 Strommessung

Zur Messung einer Stromstärke wird der Strom durch einen Widerstand geleitet, dessen Spannung mit den Programmen 'DIGIMULT' oder 'ANAMULT' gemesen wird. Die Grösse des benötigten Widerstands R errechnet sich aus der maximal zu messenden Stromstärke Imax zu

$$R = 2.55 \text{ V} / I_{max} \ .$$

Dieses Messverfahren hat einen Spannungsabfall von bis zu 2.55 Volt zur Folge. Zur Vermeidung dieses Spannungsabfalls oder zur Messung sehr kleiner Ströme wird ein Messverstärker

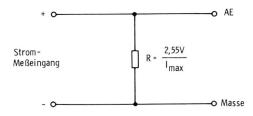

Abb.6-7: Strom-Spannungs-Wandler

mit Spannungsausgang benötigt.

6.4 Belasteter Spannungsteiler, Programm 'SPANNTEIL'

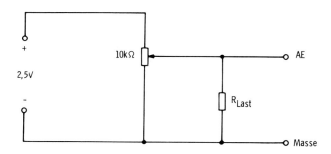

Abb.6-8: Schaltbild zur Untersuchung eines belasteten Spannungsteilers

Mit einer Schaltung nach Abb.6-8 und dem Programm 'SPANNTEIL' lässt sich die Abhängigkeit der Ausgangsspannung eines Spannungsteilers von der Einstellung des Schiebe-Widerstands bei verschiedenen Belastungen untersuchen. Die Schieberstellung ist jeweils mit der Tastatur einzugeben, die Spannung wird automatisch gemessen.

Nach der Messung stellt das Programm die Messwerte graphisch dar und erlaubt auch die Darstellung der theoretischen Kurven, deren Gleichung sich aus dem OHMschen Gesetz und den

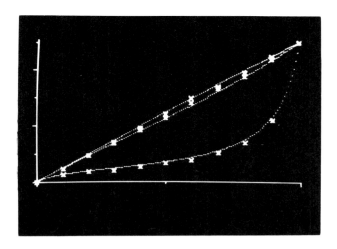

Abb.6-9: Spannungsteiler bei verschiedener Belastung

KIRCHHOFFschen Gesetzen ergibt:

U = x U0 / ((1-x)(xP/R+1) +x))

(Hier ist U0 die angelegte Spannung, U die Ausgangsspannung, P der Wert des Schiebewiederstandes und R der Lastwiderstand. x (Bereich: 0...1) gibt die Stellung des Schiebers an).

6.5 Aufnahme von Kennlinien, Programm 'KENNLINIE'

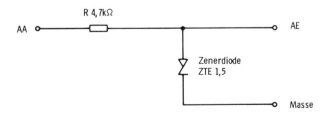

Abb.6-10: Schaltbild zur Kennlinienaufnahme

Mit einer Schaltung nach Abb.6-10 und dem Programm

'KENNLINIE' lässt sich die Kennlinie (die Abhängigkeit der Stromstärke von der Spannung) eines passiven Bauelements aufnehmen. Die Spannungsmessung geschieht direkt über den Eingang AE, die Stromstärke wird aus dem Wert des Vorwiderstandes und der Differenz zwischen der Ausgangs- und der Eingangsspannung berechnet.

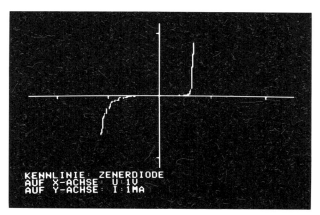

Abb.6-11: Kennlinie der Zenerdiode ZTE 1.5

Nach jeder Messung wird der Wert graphisch dargestellt. Nach der Aufnahme des positiven Teils der Kennlinie meldet das Programm, dass das Bauelement umzupolen ist.

Achtung: Ein zu gross gewählter Vorwiderstand hat eine ungenaue Spannungsmessung, ein zu klein gewählter eine ungenaue Strommessung zur Folge.
Der Vorwiderstand ist so zu bemessen. dass das Bauelement bei der Messung nicht überlastet wird.

Ein brauchbarer Wert für den Vorwiderstand errechnet sich aus der zulässigen maximalen Stromstärke Imax nach

$R = 2.55 \text{ V} / \text{Imax}$.

Der Analog-Ausgang AA kann mit höchstens 20 Milliampere belastet werden.

6.6 Aufnahme eines Frequenzgangs, Programm 'FREGAUS'

Mit einer Schaltung nach Abb.6-12 und dem Programm 'FREGAUS' lässt sich der Frequenzgang einer Schaltung untersuchen. Das Programm gibt am Ausgang AA eine Steuerspannung für den Wobbeleingang eines Frequenz-modulierbaren Sinusgenerators aus und misst diese Frequenz gleichzeitig über den Eingang DE1. Vor der Messung unterstützt das Programm das Finden der geeigneten Einstellung des Sinusgenerators, indem es für die augenblickliche Einstellung die Minimal- und die

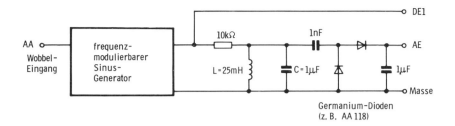

Abb.6-12: Schaltung zur Aufnahme des Frequenzgangs eines Schwingkreises

Maximalfrequenz solange misst, bis die gewünschte Einstellung erreicht ist. Nach dem Setzen einer neuen Frequenz wartet das Programm jeweils, damit sich der stationäre Zustand einstellen kann, und misst dann über den Eingang AE die Effektivspannung der Schwingung. Jeder Messwert wird sofort in die graphische Darstellung eingetragen.

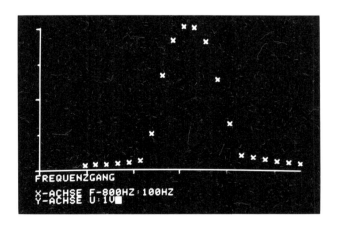

Abb.6-13: Frequenzgang eines Schwingkreises

6.7 Messung zeitabhängiger Grössen,
    Programme 'OSZILLOGRAF' und 'BLACKBOX'

Zur Aufzeichnung zeitabhängiger Grössen dient das Programm 'OSZILLOGRAF'. Es benutzt die eingebauten Stoppuhren des Computers und ermöglicht Spannungsmessungen bis zu einer Messfrequenz von 1 Kilohertz und Widerstandsmessungen bis zu einer Messfrequenz von 250 Hertz. Während der wählbaren Messzeit werden 256 Messungen gemacht und auf dem Bildschirm graphisch dargestellt.

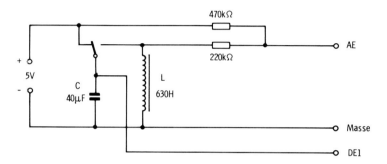

Abb.6-14: Schaltung zur Aufzeichnung der gedämpften Schwingung eines Schwingkreises

Mit diesem Programm und einer Schaltung nach Abb.6-14 lässt sich die gedämpfte Schwingung eines elektrischen Schwingkreises aufnehmen.

Falls beim Start am Eingang DE1 hohe Spannung liegt, wartet das Programm, bis an diesem Eingang niedrige Spannung liegt. Ueber den Eingang DE1 kann also der Messvorgang vom Experiment gestartet werden. Damit lässt sich das Programm wie ein Trigger-Oszilloskop verwenden.

Das Programm 'OSZILLOGRAF' lässt sich auch im Zwei-Kanal-Betrieb benutzen. So lassen sich simultan die Spannung an AE und ein Widerstand am Game-Connnector über der Zeit graphisch darstellen.

Nach der Aufnahme der Messkurve kann ein Fadenkreuz eingeblendet werden, das in alle vier Richtungen bewegt werden kann. Dabei wird laufend die Zeit- und die Spannungs-Koordinate des Fadenkreuzes ausgegeben. Damit lassen sich spezielle Zeit- und Spannungswerte (z. B. Amplitude, Periodendauer, Maximalwert) bequem aus der Messkurve entnehmen.

Das Programm 'BLACKBOX' bietet die gleichen Messmöglichkeiten. Während der laufenden Messung kann dabei

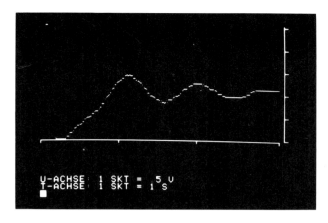

Abb.6-15: Gedämpfte Schwingung

dem Experiment über den Ausgang AA eine zeitabhängige Spannung zugeführt werden. Man hat die Wahl zwischen

- einer Sinusspannung,
- einem Impuls,
- einer Rampenspannung und
- einem Spannungssprung.

Ausserdem kann die Ausgangsspannung von einem am Game-Connector angeschlossenen Paddle-Potentiometer von Hand gesteuert werden.

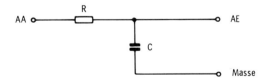

Beispiel zur Dimensionierung:
R = 10kΩ , C = 10μF

Abb.6-16: Schaltung zur Untersuchung der Reaktion eines Tiefpasses

Damit lässt sich die Reaktion irgendwelcher Schaltungen auf vorgegebene zeitabhängige Spannungen ohne Zusatzgeräte untersuchen.

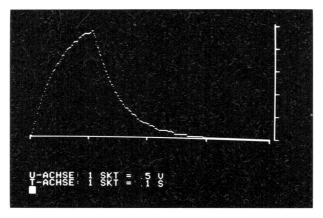

Abb.6-17: Reaktion eines Tiefpasses auf einen Spannungsimpuls

6.8 XY-Schreiber, Programm 'XYSCHREIBER'

Das Programm 'XYSCHREIBER' dient zur graphischen Darstellung von Spannungen und Widerständen gegeneinander. Damit lässt sich die Spannung an AE über einem Widerstand am Game-Connector oder ein Widerstand über einem anderen Widerstand graphisch darstellen.

Während der laufenden Messung wird eine zum einen Widerstand proportionale Spannung am Analog-Ausgang AA ausgegeben, die dem Experiment zugeführt werden kann. Damit lässt sich zum Beispiel eine spannungsgesteuerte Stromquelle steuern.

Der Messvorgang lässt sich durch Drücken der Leertaste unterbrechen.

7   Messung anderer Grössen, Messwandler

Dieser Abschnitt behandelt das Messen von Grössen, die sich mit Zusatzgeräten in eine Spannung oder einen Widerstand umsetzen lassen und dann mit den im vorigen Abschnitt beschriebenen Programmen gemessen werden können. Die meisten dieser Messwandler setzen die zu messende Grösse in eine proportionale Grösse um. Für nicht-proportionale Wandler muss zunächst eine Eichkurve aufgenommen werden.

7.1   Länge und Winkel

Zur Umwandlung eines Winkels in einen proportionalen Widerstand dient ein Drehpotentiometer, das nach Abb.6-1 an den Game-Connector angeschlossen wird. Für Winkel bis 300 Grad kann man einfache Kohleschicht-Potentiometer benutzen. Mit einem Potentiometer von 125 Kiloohm ist der Messbereich 0...300 Grad mit einer Auflösung von 1.2 Grad. Zur Aufzeichnung der Schwingung eines physikalischen Pendels eignet sich ein Wert von 500 Kiloohm, der Messbereich ist 0...70 Grad bei einer Auflösung von 0.3 Grad. Die schwingende Masse wird dazu direkt an der Potentiometer-Achse befestigt. Die mit dem Programm 'OSZILLOGRAF' registrierte Messkurve zeigt deutlich, dass diese Schwingung nicht exponentiell, sondern linear gedämpft ist, hervorgerufen durch die Reibung des Schleifers auf der Kohleschicht.

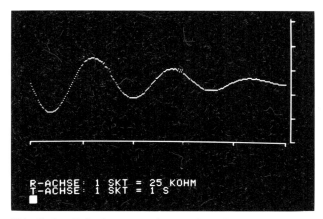

Abb.7-1: Schwingung eines physikalischen Pendels

Bei der Untersuchung von Drehbewegungen wird ein grösserer Messbereich benötigt. In diesen Fällen benutzt man 5- oder 10-Wendel-Potentiometer und erhält damit einen Messbereich von bis zu zehn vollen Umdrehungen. Diese Potentiometer haben eine geringere Reibung als Kohleschicht-Potentiometer.

Zur Längenmessung lässt sich ein Dehpotentiometer benutzen,

auf dessen Achse eine Schnur-Rolle aufgesetzt ist, oder ein Schiebe-Potentiometer ('Flachbahnregler').

Zur reibungsarmen Umsetzung eines Weges in eine proportionale Spannung eignet sich auch die von der Firma MAPHY vertriebene 'Experimentierbahn Hösbach'. Ihr Spannungsausgang kann direkt an AE angeschlossen werden.

7.2 Kraft und Druck

Nach dem HOOKEschen Gesetz lässt sich eine Kraft mit einer Schraubenfeder in einen proportionalen Weg umsetzen, der mit einem Potentiometer in einen Widerstand gewandelt werden kann. Bei dieser Methode führt die Reibung des Potentometers besonders bei kleineren Kräften zu einem deutlichen Messfehler. Wesentlich genauere Ergebnisse erhält man mit einer Präzisionswaage mit Spannungsausgang (Mettler-Waage PR700, wahlweise 0.1 oder 1 N/V) oder mit der schon erwähnten Experimentierbahn Hösbach.

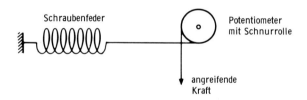

Abb.7-2: Kraft-Widerstands-Wandler

Die Lehrmittelindustrie bietet Druck-Spannungs-Wandler an, die direkt an den Eingang AE angeschlossen werden können (etwa Conatex Druckmessadapter: wandelt einen Druck von einem Hektopascal in eine Spannung von einem Millivolt).

7.3 Magnetische Flussdichte und elektrische Feldstärke

Die Industrie bietet Messgeräte für die magnetische Flussdichte an, deren Spannungsausgang direkt an den Eingang AE angeschlossen werden können (etwa Neva Magnetfeldmessgerät: Messbereiche mit Wandlungfaktoren von 1 Millitesla/Volt bis 1 Tesla/Volt). Mit dem Programm 'XY-SCHREIBER' lassen sich damit Magnetfelder in ihrer Ortsabhängigkeit darstellen oder Hysterese-Kurven aufnehmen.

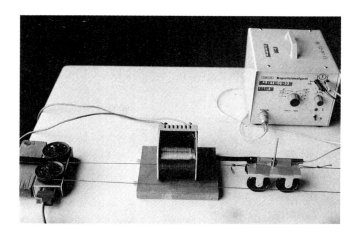

Abb.7-3: Versuchsaufbau zur Untersuchung des Feldes einer Spule

Zur Untersuchung der Ortsabhängigkeit eines Magnetfeldes befestigt man die HALLsonde des Magnetfeldmessgerätes an einem Wagen, der langsam durch des Magnetfeld gezogen wird. Eine an beiden Wagenenden befestigte Schnur wird über ein Potentiometer geführt, das am Game-Connector angeschlossen ist, um den zurückgelegten Weg des Wagens zu messen. Der Ausgang des Magnetfeldmessgerätes ist an den Eingang AE anzuschliessen.

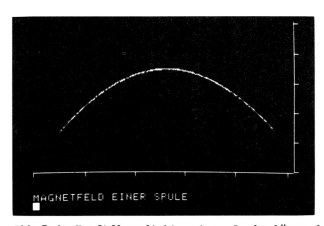

Abb.7-4: Kraftflussdichte einer Spule längs der Achse

Die Firme Neva bietet auch ein E-Feldmessgerät an (1 Volt entspricht in den Messbereichen 100...1000 Volt/Meter). Da dieses Gerät eine Wechselspannung liefert, muss beim Anschluss an den Eingang AE ein Gleichrichter benutzt werden.

7.4 Temperatur, Eichung mit Programm 'ANALOGAUS'

Zur Temperaturmessung kann ein Thermoelement mit nachgeschaltetem Verstärker, ein NTC-Halbleiter oder eine Halbleiter-Diode benutzt werden. Am preiswertesten ist ein Spannungsteiler aus Widerstand und Diode nach Abb.7-5.

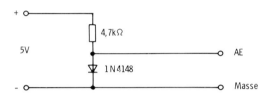

Abb.7-5: Temperatur-Spannungs-Wandler

Diese Anordnung liefert jedoch keine zur Temperatur proportionale Spannung. Man muss daher zunächst eine Eichkurve aufnehmen. Dazu kann das Programm 'ANALOGAUS' benutzt werden. Mit diesem Programm nimmt man die Temperatur-Abhängigkeit der Wandler-Ausgangsspannung auf und speichert diese Eich-Messreihe auf Diskette ab. Anschliessend kann das gleiche Programm 'ANALOGAUS' benutzt werden, wenn eine Temperatur-Messreihe aufgenommen werden soll, wobei die Temperatur aus der Eich-Messreihe durch Interpolation bestimmt wird. Ohne nachgeschalteten Verstärker erreicht man mit dieser Anordnung und der Mess-Schnittstelle eine Auflösung von 5 Grad; mit einem Spannungs-Messverstärker lässt sich leicht eine Auflösung von einem Grad erreichen.

Die Lehrmittelindustrie bietet auch geeignete lineare Temperatur-Spannungs-Wandler an, die direkt an den Eingang AE angeschlossen werden können (Conatex Temperaturmessvorsatz TM800 oder UTM 538: 10 Millivolt/Grad, Auflösung 1 Grad).

7.5 Lichtintensität

Zur Messung der Lichtintensität kann eine Fotodiode mit nachgeschaltetem Strommessverstärker dienen. Für diese Anordnung muss keine Eichkurve aufgenommen werden, da der

Kurzschlussstrom einer Fotodiode zur Beleuchtungsstärke proportional ist.

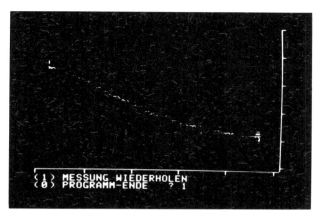

Abb.7-6: Fotostrom in Abhängigkeit vom Abstand zur Lichtquelle

Abb.7-6 zeigt die Abhängigkeit des Fotostroms vom Abstand einer ausgedehnten Lichtquelle, aufgenommen mit dem Programm 'XY-SCHREIBER'. Der Abstand zur Lichtquelle wurde mit Potentiometer und Schnurrolle aufgenommen. Deutlich ist die Abweichung vom $1/r^2$-Gesetz für kleine Abstände zu erkennen.

Ein preiswerter Wandler zur Messung von Lichtintensitäten, der ohne Verstärker direkt an den Eingang AE angeschlossen werden kann, ist ein Spannungsteiler aus Fototransistor und Widerstand. Für genauere Messungen muss diese Anordnung mit dem Programm 'ANALOGAUS' geeicht werden. Dazu benutzt man eine möglichst punktförmige Lichtquelle und bestimmt die Abhängigkeit der Spannung vom Abstand r des Fototransistors von der Lichtquelle. Mit dem Programm lassen sich leicht die r-Werte durch den Ausdruck $1/r^2$ ersetzen. Er ist ein relatives Mass für die Lichtintensität.

Es kann auch ein Spannungsteiler aus Fotowiderstand und ohmschem Widerstand benutzt werden. Auch diese Anordnung ist vor der Messung zu eichen.

Die Firma Conatex bietet einen in Lux geeichten fertigen Messwandler an ('Luxmetersonde').

7.6 Anregungen für weitere Messaufgaben

1) Man schliesse einen Temperaturfühler an den Eingang AE an und nehme die Abkühlkurve eines heissen Gegenstandes mit dem Programm 'OSZILLOGRAF' auf.

2) Man klebe an einen Metallstab in regelmässigen Abständen Siliziumdioden, die umschaltbar Thermofühler nach Abb.7-5 bilden. Den Metallstab bringe man am einen Ende in

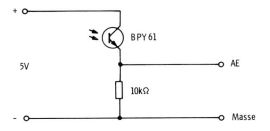

Abb.7-7: Lichtintensität-Spannungs-Wandler

thermischen Kontakt mit schmelzendem Eis, am anderen Ende mit siedendem Wasser. Man messe die Temperatur an den Messstellen in Abhängigkeit vom Abstand zum Stabende mit dem Programm 'ANALOGAUS'.

3) Man kopple zwei physikalische Pendel, deren Drehachsen zwei 1 Megohm-Potentiometer bilden, mit einer weichen Feder. Das eine Pendel lenke man aus und nehme anschliessend die Schwingungen beider Pendel mit dem Programm 'OSZILLOGRAF' auf.

4) Man nehme die Intensitätsverteilung der Beugung von Licht am einfachen Spalt, am Doppelspalt und am Gitter mit einem Lichtintensitätswandler und dem Programm 'XY-SCHREIBER' auf. Dazu befestige man den Wandler an einem Wagen, der mit einem Faden durch das Beugungsbild gezogen wird. Der Faden wird über eine Schnurrolle geführt, die an einer Potentiometer-Achse befestigt wird. Das Potentiometer wird am Game-Connector angeschlossen.

5) Man nehme die Intensitätsverteilung bei der Beugung von Mikrowellen auf. Dazu benutze man als Sender ein moduliertes Klystron, als Empfänger eine offene Diode mit Wechselspannungsverstärker.

6) Man nehme die Intensitätsverteilung bei der Interferenz von Schallwellen auf. Dazu benutze man zwei parallel- oder in Reihe geschaltete Lautsprecher. Als Empfänger dient ein punktförmiges Mikrofon mit Wechselspannungsverstärker.

7) Man untersuche die Intensitätsverteilung stehender Schall- oder Mikrowellen vor einer reflektierenden Wand.

8 Ausblick

Die Spannungsmessung mit der bisher benutzten Schnittstelle lässt noch einige Wünsche offen:

- Die Zeit für eine Messung (1 Millisekunde) ist für manche Messaufgaben zu lang, zum Beispiel für Messungen in der Akustik.
- Für manche Messaufgaben wünscht man sich einen zweiten Analogeingang, um zwei Spannungen fast gleichzeitig messen zu können.
- Bisher können nur positive Spannungen gegen Masse gemessen werden. Es fehlt die Möglichkeit, negative Spannungen gegen Masse und Spannungen zwischen zwei beliebigen Punkten einer Versuchsschaltung zu messen.
- Bei kleinen Spannungen wäre eine bessere Auflösung als 10 Millivolt wünschenswert.

Alle diese Wünsche erfüllt eine Weiterentwicklung dieser Schnittstelle, die in einem späteren Band der Reihe 'Computerpraxis Physik' beschrieben wird. Mit dieser Schnittstelle werden viele Versuchsaufbauten einfacher, weil ein Messverstärker eingespart werden kann. Ausserdem erweitern sich die Messmöglichkeiten; der Rechner lässt sich damit auch als Transientenrekorder oder als Vielkanal-Analysator zur Kernstrahlungs-Spektroskopie verwenden.

9 Literaturverzeichnis

Bücher:

R. M. Eisberg: Mathematische Physik für Benutzer programmierbarer Taschenrechner, Oldenbourg-Verlag München 1978
H. Simon (Hrsg.): Computer-Simulation und Modellbildung im Unterricht, Oldenbourg-Verlag München 1980
H. Schummy (Hrsg.): Taschenrechner und Mikrocomputer Jahrbuch 1982, Vieweg-Verlag Wiesbaden 1981
F. Bader / R. Sexl: Computerprogramme zur Physik, Schrödel-Verlag Hannover 1983
Duenbostl / Oudin / Baschy: BASIC Physikprogramme (2 Bände), Teubner-Verlag Stuttgart 1983/84
R. Kunze / H. Brosch: Rechenprogramme für den Physik-Unterricht, Aulis-Verlag Köln 1984
G. Becker: Teilchenbahnen programmiert berechnet, Dümmler-Verlag Bonn 1984
B. Mirow / G. Becker: Physik-Aufgaben BASIC, Dümmler-Verlag Bonn 1985
H. Schmidt: Messen und Experimentieren, Dümmler-Verlag Bonn 1985

Artikel in Fachzeitschriften:

H. Dittmann: Taschenrechner als Wellenmaschine, PhuD 1979, S.24 ff
H. Teichmann: Zur Auswertung physikalischer Experimente durch Kurvenanpassung (Lineare Regression), PhuD 1981, S.305 ff
G.-H. Göritz und H.-J. Scheefer: Einsatz von Kleincomputern in physikalischen Schulexperimenten, PdN-Ph 6/82, S.162 ff
N. Treitz: Ein 'wachsendes' Bildschirmcomputer-Programm für eine Unterrichtssequenz zur Kinematik, PdN-Ph 6/82, S,173 ff
R. Kunze: Fehlerrechnung mit einem Mikrocomputer, PdN-Ph 6/82, S. 181 ff
G. Pithan: Wandler als Plottervorsatz für xy-Schreiber, PdN-Ph 6/82, S.183 ff
H. Schwarze: Ein Interface für den CBM-3001 zur Behandlung von Steuerungen und Regelungen im Schulunterricht, PdN-Ph 6/82, S.185 ff und 9/82 S.271 ff
W. Hörmann: Eine 'Audio-Show mit dem Tischcomputer', PdN-Ph 11/82, S.337 ff
A. Petermann: Mikrocomputer als Medium im Physikunterricht, PdN-Ph 9/83, S.274 ff
K. D. Wagner, H. Jodl und W. Stenzenbach: Ueberlagerung von Wellen durch Rechnersimulation am Beispiel der Beugung am Doppelspalt, PdN-Ph 9/83, S.278 ff
H. Brockmeyer: Der Mikrocomputer als Lehr- und Lernhilfe im Physikunterricht, PdN-Ph 10/83, S.311 ff
F. J. Mehr: Simulation von stochastischen Trajektorien in der Ebene, PdN-Ph 11/83, S.329 ff
A. Mühleisen: Graphische Darstellung physikalischer Experimente am Computer, MNU 2/83, S.83 ff
H. Brockmeyer: Messdatenerfassung bei physikalischen

Versuchen mit Hilfe des Mikrocomputers APPLE II, PdN-Ph 1/84, S.24 ff

R. J. Brandenburg: Aufzeichnung und Analyse linearer Bewegungen mit Mikrocomputer, PdN-Ph 5/84, S.145 ff

K. Hagenbuchner: Der Tischcomputer als Trickfilmgenerator, PdN-Ph 9/84, S.271 ff

K. Sölter: Die Simulation von Hindernisinterferenzen - Ein Beitrag zum computerunterstützten Physikunterricht, PdN-Ph 10/84, S.305 ff

H. Jopen, H. Franke: Einsatz einer elektronischen Präzisionswaage zur Analogmessung von Kräften, PdN-Ph 11/84, S.321 ff

S. und P. Ganz: Betrieb eines Geiger-Müller-Zählrohrs an einem Tischrechner CBM 4000/8000, PdN-Ph 12/84, S.371 ff

W. Czech: Automatische Registrierung der Nullratenstatistik mit einem Tischrechner, MNU 7/84, S.425 ff

G. Sauer: Computersimulation zur Strukturbildung, PdN-Ph 1/85, S.10 ff

M. Euler: Computergestützte Experimente zur akustischen Informationsverarbeitung beim Menschen, PhN-Ph 1/85, S.16 ff.

D. Brunner / H. Parsche: Messwerterfassung im Physikunterricht mit einem modularen Interfacesystem für Mikrocomputer, PdN-Ph 1/85, S.26 ff

M. Rode: Numerische Integration im Physikunterricht mit Hilfe eines Mikrocomputers, PdN-Ph 1/85, S.39 ff

A. May: Computerunterstütztes Experimentieren im naturwissenschaftlichen Unterricht, PdN-Ph 1/85, S.41 ff

H. Brockmeyer: Die Behandlung der harmonischen Schwingungen mit Hilfe des Mikrocomputers, PdN-Ph 4/85, S.2 ff

P. Linnemann: Untersuchung einer Bewegung auf der Fahrbahn, PdN-Ph 4/85, S.8 ff

F. Langensiepen: Ueberlegungen und Anregungen zu einem Schülerpraktikum mit Computerunterstützung, PdN-Ph 4/85, S.13 ff

R. v. Dwingelo-Lütten / P. Wessels: Der Mikrocomputer als Messinstrument, PdN-Ph 4/85, S.28 ff

J. Liedtke / E. Wedeking: Der Computer als universelles Messinstrument - eine Alternative? PdN-Ph 4/85, S.35 ff

R. J. Brandenburg: Stossversuche auf der Luftkissenfahrbahn mit Mikrocomputer, PdN-Ph 4/85, S.42 ff

R. Lincke: Physikalische Experimente mit dem Commodore 64, Artikelserie ab MNU 6/85

10 Anhang: Programm-Ausdrucke

Dieser Anhang enthält die Ausdrucke aller in diesem Buch beschriebenen Mess-, Test- und Auswert-Programme für die Selbstbau-Schnittstelle einschliesslich der benötigten Maschinensprache-Programme zur schnellen Messwerterfassung. Die Maschinenprogramme sind in hexadezimaler Form ausgegeben und können direkt mit dem Apple-Monitor eingegeben werden. Dazu wird der Monitor mit

    CALL -151

gestartet. Er meldet sich mit einem Stern. Jetzt kann das Programm zeilenweise in der Form Adresse, Doppelpunkt, Inhalte eingegeben werden. Für das Programm EINZEIT gibt man also ein:

    *0300:78 A9 B8 8D C2 C0 A9 80
    *0308:8D C0 C0 A9 60 8D CB C0

usw. Mit der Anweisung 3D0G kommt man vom Monitor wieder ins Apple-BASIC. Das Programm kann anschliessend mit

    BSAVE EINZEIT,A$0300,L$68

auf Diskette geschrieben werden (Hinter A$ und L$ sind Anfangsadresse und Länge in hexadezimaler Form anzugeben). Später kann es mit BLOAD EINZEIT wieder von Diskette geladen werden.

Das Programm AUSWERT und alle Messprogramme, die eine graphische Auswertung der Messwerte ermöglichen, benutzen das Programm GRAF und das Apple-Dienstprogramm CHAIN (auf der Apple-Systemdiskette vorhanden), um während des Ablaufs Programmteile nachzuladen. Die Programme sind beim Verlag auch auf Diskette erhältlich (Dümmlerbuch 4229).

Aus der folgenden Aufstellung ist zu ersehen, welche Programme Maschinensprache-Unterprogramme benötigen:

AUSWERT:	CHAIN
SCHNITTEST:	EINSPANN
STOPPUHR:	EINZEIT
STOPPUHRAUS:	EINZEIT, CHAIN
GESCHWISTAT:	EINZEIT
BEWEGAUS:	MEHRZEIT, CHAIN
STOSS:	MEHRZEIT
STOSSAUS:	MEHRZEIT, CHAIN
ZAEHLER:	EINZAEHL
ZAEHLAUS:	EINZAEHL, CHAIN
ZAEHLSTAT:	EINZAEHL
ZERFALLAUS:	MEHRZAEHL, CHAIN
SPANNTEIL:	EINSPANN
KENNLINIE:	EINSPANN
FREGAUS:	EINSPANN, EINZAEHL, CHAIN
OSZILLOGRAF:	MEHRSPANN, KREUZ
BLACKBOX:	MEHRSPANN
XYSCHREIBER:	EINSPANN
ANALOGAUS:	EINSPANN, CHAIN

10.1 Auswert-Programme

```
1   HOME : REM  BRANDENBURG 85K
2   PRINT "********************"
3   PRINT "* AUSGLEICHSGERADE *"
4   PRINT "********************"
5   I7 = 64:J7 = 1
6   DIM W(J7,I7),N$(J7),U$(J7)
8   GOSUB 120
10   GOSUB 400
11   GOSUB 480
12   END
19   -
120  REM   WERTE EINGEBEN
121  J0 = 1: PRINT : INPUT "TITEL DER MESSREIHE:";T$
124   FOR J = 0 TO J0:K = J + 1
125   PRINT "NAME DER ";K;".MESSGROESSE:";: INPUT N$(J)
126   INPUT "EINHEIT:";U$(J)
127   NEXT J
128   INPUT "WIEVIELE WERTETUPEL (MAX.64)";I0
129   FOR I = 1 TO I0: FOR J = 0 TO J0
130   PRINT I;". WERT FUER ";;N$(J);":";: INPUT W(J,I)
131   NEXT J: NEXT I: RETURN
139   -
400   REM   GRAPH
401    GOSUB 440: IF UX = VX OR UY = VY THEN   RETURN
402    HGR : HCOLOR= 7: GOSUB 800
403    PRINT : PRINT T$
404    PRINT "X-ACHSE ";N$(J1);":";FX$;U$(J1);
405   J = J7 - J1: PRINT ", Y-ACHSE ";N$(J);":";FY$;U$(J)
406    FOR I = 1 TO I0:X = W(J1,I):Y = W(J,I)
407    GOSUB 820: NEXT I
408    GOSUB 520
410    GOSUB 980
411    TEXT : RETURN
419    -
440    REM   WERTEBEREICHE
441   J1 = 0:J = 1:UX = 0:VX = 0:UY = 0:VY = 0
442    FOR I = 1 TO I0:X = W(J1,I):Y = W(J,I)
443    IF X < UX THEN UX = X
444    IF X > VX THEN VX = X
445    IF Y < UY THEN UY = Y
446    IF Y > VY THEN VY = Y
447    NEXT I: RETURN
459    -
480    REM   ERGEBNISSE
481    HOME : FOR I = 1 TO  LEN (T$) + 16: PRINT "*";: NEXT I
482    PRINT : PRINT "* ERGEBNISSE: ";T$;" *"
483    FOR I = 1 TO  LEN (T$) + 16: PRINT "*";: NEXT I
484    PRINT : PRINT : PRINT T$: PRINT
485    PRINT "X: ";N$(0),U$(0)
486    PRINT "Y: ";N$(1),U$(1): PRINT
487    PRINT "STEIGUNG:",M;" ";U$(1);"/";U$(0)
488    IF M <  > 0 THEN Y =  - B / M: GOSUB 700: PRINT "X-ABSCHNITT
       :",Y;" ";U$(0)
489    PRINT "Y-ABSCHNITT:",B;" ";U$(1)
490    PRINT "FEHLER:",S;" ";U$(1)
491    RETURN
499    -
```

```
520  REM  AUSGLEICHSGERADE
522  L = 2:S0 = 0:S1 = 0:S2 = 0:S3 = 0:S4 = 0
524  FOR I = 1 TO I0:X = W(J1,I):Y = W(J,I)
526  S0 = S0 + X:S1 = S1 + Y:S2 = S2 + X * X
527  S3 = S3 + X * Y:S4 = S4 + Y * Y: NEXT I
530  D = S0 * S0 - I0 * S2:M = (S0 * S1 - I0 * S3) / D
531  B = (S0 * S3 - S1 * S2) / D:S = (S4 - M * S3 - B * S1) / (I0 -
     2)
532  Y = M: GOSUB 700:M = Y:Y = B: GOSUB 700:B = Y
533  PRINT "M=";M;U$(J);"/";U$(J1);", B=";B;U$(J)
534  Y =  SQR (S): GOSUB 700:S = Y
535  PRINT "S=";S;U$(J);"  ³³";
536  GOSUB 860: RETURN
539  -
700  REM  RUNDEN
701  IF Y = 0 THEN  RETURN
702  X =  SGN (Y):Y =  ABS (Y): GOSUB 940
703  Y = X *  INT (1000 * Y / F + 0.5) * F / 1000: RETURN
719  -
800  REM  KOORDINATENSYSTEM
801  PX = 4:QX = 277:PY = 155:QY = 2
802  CX = (QX - PX) / (VX - UX):ZX = PX - UX * CX
803  CY = (QY - PY) / (VY - UY):ZY = PY - UY * CY
804  HPLOT PX,ZY TO QX,ZY: HPLOT ZX,PY TO ZX,QY
805  Y =  - UX: IF VX > Y THEN Y = VX
806  GOSUB 940
807  FOR I =  -  INT ( - UX / F) TO VX / F:J = I * F * CX + ZX
808  NEXT I: FOR I =  -  INT ( - 2 * UX / F) TO 2 * VX / F:J = I *
     F * CX / 2 + ZX
809  IF 2 *  INT (I / 2) = I THEN  HPLOT J,ZY TO J,ZY + 4
810  IF (VX - UX) / F < 4 THEN  HPLOT J,ZY TO J,ZY + 2
811  NEXT I:FX$ = F$:Y =  - UY: IF VY > Y THEN Y = VY
812  GOSUB 940
813  FOR I =  -  INT ( - UY / F) TO VY / F:J = I * F * CY + ZY
814  NEXT I: FOR I =  -  INT ( - 2 * UY / F) TO 2 * VY / F:J = I *
     F * CY / 2 + ZY
816  IF 2 *  INT (I / 2) = I THEN  HPLOT ZX,J TO ZX - 4,J
817  IF (VY - UY) / F < 4 THEN  HPLOT ZX,J TO ZX - 2,J
818  NEXT I:FY$ = F$: RETURN
819  -
820  REM  MESSPUNKT
821  X = X * CX + ZX:Y = Y * CY + ZY
822  HPLOT X + 2,Y + 2 TO X - 2,Y - 2: HPLOT X - 2,Y + 2 TO X + 2
     ,Y - 2: RETURN
839  -
860  REM  GERADE
861  X = UX:Y = M * X + B: IF Y ² UY THEN 865
862  IF Y <  = VY THEN 868
863  IF M >  = 0 THEN  RETURN
864  Y = VY:X = (Y - B) / M: GOTO 867
865  IF M <  = 0 THEN  RETURN
866  Y = UY:X = (Y - B) / M
867  IF X > VX THEN  RETURN
868  X0 = X * CX + ZX:Y0 = Y * CY + ZY:X = VX:Y = M * X + B
869  IF Y < UY THEN X = (UY - B) / M:Y = UY
870  IF Y > VY THEN X = (VY - B) / M:Y = VY
871  HPLOT X0,Y0 TO X * CX + ZX,Y * CY + ZY
872  RETURN
879  -
```

```
900  REM   TITEL
901  HOME : FOR I = 1 TO  LEN (A$) + 4: PRINT "*";: NEXT I
902  PRINT : PRINT "* ";A$;" *"
903  FOR I = 1 TO  LEN (A$) + 4: PRINT "*";: NEXT I
904  PRINT : PRINT : RETURN
919  -
940  REM   FAKTOR
941  F = 1:E = 0:F$ = "1": IF Y <  = 0 THEN  RETURN
942   IF Y < 1 THEN F = .1:E =  - 1
943   IF Y >  = F THEN 945
944  F = F / 10:E = E - 1:F$ = "0" + F$: GOTO 943
945   IF Y < 10 * F THEN 947
946  F = F * 10:E = E + 1:F$ = F$ + "0": GOTO 945
947   IF Y < 1 THEN F$ = "." + F$
948  RETURN
959  -
980  REM   WEITER
981  PRINT " WEITER MIT LEERTASTE ";
982  GET A$: IF A$ <  > " " THEN 982
983  RETURN
```

```
1    HOME : REM   BRANDENBURG 85K
2    PRINT "*********************"
3    PRINT "* AUSWERTUNG          *"
4    PRINT "*********************"
5    IF F < = 0 THEN    GOSUB 40
6    IF F > 0 THEN    GOSUB 480
7    IF F = 0 THEN   DIM W(J7,I7),N$(J7),U$(J7): GOSUB 100
8  A$ = "AUSWERT: " + T$: GOSUB 900
9    PRINT T1$: PRINT : GOSUB 780
10   PRINT "(1) WERTE EINLESEN"
11   PRINT "(2) WERTE UMRECHNEN"
12   PRINT "(3) WERTE AUSGEBEN"
13   PRINT "(4) GRAPHISCHE DARSTELLUNG"
14   PRINT "(0) PROGRAMM-ENDE";:A7 = 4: GOSUB 920
16   IF A0 = 0 THEN    END
17   ON A0 GOSUB 100,200,300,400
18   GOTO 8
19   -
40   REM   DIM
41   J7 = 3:I7 = 64:L7 = J7 + 3:YZ = 1E38
42    DIM R(L7,J7),X$(L7,J7),T(J7),D$(J7),N(J7)
43    DIM V(L7),A(L7,L7),B(L7),C(L7),Z$(L7,J7)
44   FL$ = "SGNINTABSUSRFREXXXPDLPOSSQRRNDLOGEXPCOSSINTANATN"
45   AF =    PEEK (105) + 256 *    PEEK (106) - 71
46   OL$ = "+-*/↑"
49    RETURN
59   -
100   REM   WERTE EINLESEN
101 A$ = "WERTE EINLESEN": GOSUB 900
103    PRINT "(1) MIT TASTATUR"
104    PRINT "(2) VON DISKETTE"
105    PRINT "(0) KEIN EINLESEN";:A7 = 2: GOSUB 920
106    ON A0 GOSUB 120,140
107    RETURN
119   -
120    REM   EINLESEN MIT TASTATUR
121    INPUT "TITEL DER MESSREIHE: ";T$
122    INPUT "UNTERTITEL: ";T1$
123    INPUT "WIEVIELE MESSGROESSEN: ";J
124 J0 = J - 1: FOR J = 0 TO J0
125    PRINT "NAME DER ";J + 1;: INPUT "-TEN GROESSE: ";N$(J)
126    INPUT "EINHEIT: ";U$(J): NEXT J
128    INPUT "WIEVIELE WERTETUPEL: ";I0
130    FOR I = 1 TO I0: FOR J = 0 TO J0
131    PRINT I;"-TER WERT FUER ";N$(J);
132    INPUT ": ";W(J,I): NEXT J: NEXT I
133    RETURN
139   -
140    REM   LESEN VON DISK
141    INPUT "FILE-NAME:";F$
142 D$ =    CHR$ (4): PRINT D$;"OPEN";F$
143    PRINT D$;"READ";F$
144    INPUT T$: INPUT T1$: INPUT J
145 J0 = J - 1: FOR J = 0 TO J0
146    INPUT N$(J): INPUT U$(J): NEXT J
147    INPUT I0
148    FOR I = 1 TO I0: FOR J = 0 TO J0
149    INPUT W(J,I): NEXT J: NEXT I
150    PRINT D$;"CLOSE";F$
151    RETURN
159   -
```

```
200  REM   WERTE UMRECHNEN
201 A$ = "WERTE UMRECHNEN": GOSUB 900
202   GOSUB 780
203 J = 0: GOSUB 600
204  PRINT :B$ = "DABEI VERGESSEN": GOSUB 720
205  IF J = 0 AND J0 = J7 THEN   PRINT "NICHT MOEGLICH!": GOTO 218

206 M1 = J - 1: IF J = 0 THEN M1 = J0 + 1:J0 = M1
207 N$(M1) = Q$: PRINT "EINHEIT VON ";N$(M1);: INPUT ":";U$(M1): PRINT

208  FOR J = 0 TO J0: PRINT N$(J);":";U$(J),: NEXT J: PRINT
209  FOR I = 1 TO I0
210  FOR J = 0 TO J0:V(J) = W(J,I): NEXT J
211  ONERR   GOTO 996
212 E = 0: GOSUB 990
213  POKE 216,0:W(M1,I) = Y
214  FOR J = 0 TO J0:Y = W(J,I): GOSUB 700
215  IF   ABS (Y) < YZ THEN   PRINT Y,: GOTO 217
216  PRINT " --",
217  NEXT J: PRINT : NEXT I
218  GOSUB 980: RETURN
219  -
300  REM   WERTE AUSGEBEN
301 A$ = "WERTE AUSGEBEN": GOSUB 900
303  PRINT "(1) AUF BILDSCHIRM"
304  PRINT "(2) AUF DISKETTE"
305  PRINT "(3) AUF DRUCKER"
306  PRINT "(0) KEINE AUSGABE";:A7 = 3: GOSUB 920
307  ON A0 GOSUB 320,340,360
308  RETURN
319  -
320  REM   AUSGABE AUF BILDSCHIRM
321 A$ = T$: GOSUB 900
322  PRINT T1$: PRINT
323  FOR J = 0 TO J0: PRINT N$(J);":";U$(J),: NEXT J
324  PRINT : PRINT : FOR I = 1 TO I0
325  IF   PEEK ( - 16384) > 127 THEN   GET A$: PRINT ".....": GOTO
     330
326  FOR J = 0 TO J0:Y = W(J,I): GOSUB 700
327  IF   ABS (Y) < YZ THEN   PRINT Y,: GOTO 329
328  PRINT " --",
329  NEXT J: PRINT : NEXT I
330  GOSUB 980
331  RETURN
339  -
340  REM   AUSGABE AUF DISKETTE
341  INPUT "FILE-NAME:";F$
342 D$ =  CHR$ (4): PRINT D$;"OPEN";F$
343  PRINT D$;"WRITE";F$: PRINT T$: PRINT T1$
344  PRINT J0 + 1
345  FOR J = 0 TO J0: PRINT N$(J): PRINT U$(J): NEXT J
346  PRINT I0
347  FOR I = 1 TO I0: FOR J = 0 TO J0
348  PRINT W(J,I): NEXT J: NEXT I
349  PRINT D$;"CLOSE";F$: RETURN
359  -
360  REM   AUSGABE AUF DRUCKER
361  OPEN PRINT ER
362   GOSUB 320
363  CLOSE PRINT ER
364  RETURN
379  -
```

77

```
400  REM   GRAPH
401  GOSUB 420: IF UX = VX OR UY = VY THEN   RETURN
402  GOSUB 800
403  PRINT : PRINT T$:E$ = "": FOR J = 0 TO J0
404  B$ = ":":H$ = "": IF T(J) < 0 THEN B$ = "'":H$ = "/" + U$(J1
     )
405  IF T(J) < > 0 THEN E$ = E$ + " " + N$(J) + B$ + FY$ + U$(J)
      + H$
406  NEXT J: PRINT "X-ACHSE: ";N$(J1);":";FX$;U$(J1);", Y-ACHSE:
     ";E$
408  FOR J = 0 TO J0: IF T(J) = 0 THEN 414
409  I1 = I0: IF T(J) < 0 THEN I1 = I0 - 1
413  ON  ABS (T(J)) - 1 GOSUB 520,540,560
414  NEXT J
415  PRINT   CHR$ (4);"BLOAD CHAIN,A520"
416  CALL 520"GRAF"
419  -
420  REM   WAHL DER GROESSEN
421  A$ = "GRAPHIK: " + T$: GOSUB 900
422  B$ = "AUF DIE X-ACHSE": GOSUB 720
423  J1 = J - 1: IF J = 0 THEN   RETURN
424  UX = 0:VX = 0:UY = 0:VY = 0:B0 = 0
425  S = 1: FOR I = 1 TO I0:X = W(J1,I)
426   IF I > 1 AND X < W(J1,I - 1) THEN S = 0
427   IF X < UX THEN UX = X
428   IF X > VX AND X < YZ THEN VX = X
429  NEXT I: IF S = 0 THEN   GOSUB 960
430  FOR J = 0 TO J0:T(J) = 0:N(J) = 0: IF J = J1 THEN 436
431  PRINT "(1) ";N$(J);"-WERTE DARSTELLEN"
432  PRINT "(2) ";N$(J);"-STEIGUNGEN DARSTELLEN":A7 = 2
433  PRINT "(0) ";N$(J);" NICHT DARSTELLEN";: GOSUB 920
434  S = A0: IF A0 = 2 THEN S =  - 1
435   IF A0 > 0 THEN   GOSUB 440
436  NEXT J: RETURN
439  -
440  REM   WAHL DER DARSTELLUNG
441  PRINT "(1) NUR PUNKTE DARSTELLEN"
442  PRINT "(2) PUNKTE MIT AUSGLEICHSGERADE"
443  PRINT "(3) PUNKTE MIT URSPRUNGSGERADE"
444  PRINT "(4) PUNKTE MIT KURVE"
445  PRINT "(0) ";N$(J);" NICHT DARSTELLEN";:A7 = 4: GOSUB 920
446  I1 = I0: IF S < 0 THEN I1 = I0 - 1
447  T(J) = S * A0: IF A0 = 4 THEN   GOSUB 500: GOSUB 460
448   IF A0 = 0 THEN   RETURN
449  FOR I = 1 TO I1: GOSUB 760
450   IF Y < UY THEN UY = Y
451   IF Y > VY AND Y < YZ THEN VY = Y
452  NEXT I: IF A0 > B0 THEN B0 = A0
453  RETURN
459  -
460  REM   F RETTEN
461  G$ = "": FOR I = AF TO A - 1
462  G$ = G$ +  CHR$ ( PEEK (I)): NEXT I
463  RETURN
479  -
```

```
480  REM   ERGEBNISSE
481  A$ = "ERGEBNISSE: " + T$: GOSUB 900
482  FOR J = 0 TO J0: IF T(J) = 0 THEN 496
483  IF  ABS (T(J)) < 4 THEN X$(1,J) = "STEIG:":X$(2,J) = "ABSCHN
     "
486  PRINT N$(J);"(";N$(J1);") = ";
487  IF  ABS (T(J)) = 1 THEN   PRINT "???": GOTO 496
488  PRINT D$(J):X$(0,J) = "FEHLER"
489  IF R(0,J) < 0 THEN   PRINT "   ---": GOTO 496
490  FOR L = 0 TO N(J):H$ = U$(J): IF L = 0 THEN 494
491  IF  ABS (T(J)) = 4 THEN H$ = Z$(L,J): GOTO 494
492  IF L = 1 THEN H$ = H$ + "/" + U$(J1)
493  IF T(J) < 0 THEN H$ = H$ + "/" + U$(J1)
494  Y = R(L,J): GOSUB 700
495  PRINT "   ";X$(L,J);":";Y;H$: NEXT L
496  PRINT : NEXT J: GOSUB 980
497  RETURN
499  -
500  REM   GLEICHUNG
502  K = 0:L = 0:E$ = "":B$ = "": IF S < 0 THEN B$ = "'"
503  PRINT "FORMEL: ";N$(J);B$;: INPUT " = ";D$(J)
504  G$ = D$(J) + "$":J2 = 0:J3 = 0:X$(0,J) = N$(J1)
505  A = AF: GOSUB 640
506  IF K > 0 THEN E$ = "KLAMMER"
507  IF E$ < > "" THEN   PRINT "FEHLER: ";E$: GOTO 502
508  PRINT :N(J) = J2: IF J2 = 0 THEN   RETURN
509  FOR K = 1 TO J2
510  PRINT "EINHEIT VON ";X$(K,J);: INPUT ":";Z$(K,J)
511  PRINT "SCHAETZWERT FUER ";X$(K,J);: INPUT ":";V(K)
512  B(K) = 0: NEXT K: GOSUB 580
513  RETURN
519  -
520  REM   AUSGLEICHSGERADE
521  I1 = I0:I2 = 0: IF T(J) < 0 THEN I1 = I0 - 1
522  N(J) = 2: IF I1 < 3 THEN R(0,J) =  - 1: RETURN
523  S0 = 0:S1 = 0:S2 = 0:S3 = 0:S4 = 0
524  FOR I = 1 TO I1: GOSUB 760
525  IF X = YZ OR Y = YZ THEN 528
526  I2 = I2 + 1:S0 = S0 + X:S1 = S1 + Y
527  S2 = S2 + X * X:S3 = S3 + X * Y:S4 = S4 + Y * Y
528  NEXT I: IF I2 < 3 THEN R(0,J) =  - 1: RETURN
530  D = S0 * S0 - I2 * S2:M = (S0 * S1 - I2 * S3) / D
531  B = (S0 * S3 - S1 * S2) / D:S = (S4 - M * S3 - B * S1) / (I2 -
     2)
532  IF S < 0 THEN S = 0
533  R(2,J) = B:R(1,J) = M:R(0,J) =  SQR (S): GOSUB 860
534  D$(J) = "STEIG" + N$(J1) + " + ABSCHN": RETURN
539  -
```

```
540  REM   URSPRUNGSGERADE
541  I1 = I0:I2 = 0: IF T(J) < 0 THEN I1 = I0 - 1
542  N(J) = 1: IF I1 < 2 THEN R(0,J) =  - 1: RETURN
543  S0 = 0:S1 = 0:S2 = 0
544   FOR I = 1 TO I1: GOSUB 760
545   IF X = YZ OR Y = YZ THEN 548
546  I2 = I2 + 1:S0 = S0 + X * X:S1 = S1 + X * Y:S2 = S2 + Y * Y
548   NEXT I: IF I2 < 2 THEN R(0,J) =  - 1: RETURN
549  M = S1 / S0:B = 0:S = (S2 - M * S1) / (I2 - 1)
550   IF S < 0 THEN S = 0
551  R(1,J) = M:R(0,J) =  SQR (S): GOSUB 860
552  R(2,J) = 0:B$(J) = "STEIG" + N$(J1): RETURN
559  -
560  REM   KURVE
562  I1 = I0: IF T(J) < 0 THEN I1 = I0 - 1
564   FOR K = 1 TO N(J):V(K) = R(K,J): NEXT K
566  S = 0:I2 = 0
568   FOR I = 1 TO I1: GOSUB 760
570  V(0) = X:Y1 = Y: ONERR  GOTO 996
571  E = 0: GOSUB 990: POKE 216,0
572   IF Y < YZ AND Y1 < YZ THEN I2 = I2 + 1:S = S + (Y - Y1) ↑ 2
573   NEXT I
575   IF I2 = 0 THEN R(0,J) =  - 1: RETURN
576  R(0,J) =  SQR (S / I2): RETURN
579  -
580  REM   ANPASSUNG
581   FOR K = 1 TO J2:V(K) = V(K) + B(K):B(K) = 0
582   FOR L = 1 TO K:A(K,L) = 0: NEXT L: NEXT K
583  S0 = 0: PRINT N$(J1),N$(J),"KURVE":E = 0
584   FOR I = 1 TO I1: GOSUB 760:V(0) = X:Y0 = Y: GOSUB 700
585   PRINT V(0),Y,: GOSUB 990:Y1 = Y: GOSUB 700: PRINT Y
586   FOR K = 1 TO J2:H = V(K):V(K) = V(K) * 1.001: GOSUB 990
587  C(K) = (Y - Y1) * 1000 / H:V(K) = H:H = Y0 - Y:B(K) = B(K) +
     H * C(K)
588   FOR L = 1 TO K:A(K,L) = A(K,L) + C(K) * C(L): NEXT L: NEXT K
     :S0 = S0 + H * H
589   NEXT I:Y =  SQR (S0 / (I1 - J2)): GOSUB 700: PRINT "FEHLER:"
     ;Y;U$(J)
590   FOR K = 1 TO J2: FOR L = 1 TO K:A(L,K) = A(K,L): NEXT L: NEXT
     K
591   PRINT : PRINT "NEUE WERTE:": GOSUB 740
592   FOR K = 1 TO J2:S0 = S0 - B(K) * C(K):Y = V(K) + B(K): GOSUB
     700
593   PRINT X$(K,J),Y;Z$(K,J): NEXT K: PRINT
594   PRINT "(1) WERTE WEITER VERBESSERN"
595   PRINT "(2) KURVE ZEICHNEN"
596   PRINT "(0) VERFAHREN ABBRECHEN";:A7 = 2: GOSUB 920
597   IF A0 = 1 THEN 581
598   FOR K = 1 TO J2:R(K,J) = V(K): NEXT K:R(0,J) = S0:N(J) = J2:
     A0 = 2 * A0: RETURN
599  -
```

```
600  REM   FORMEL
602  INPUT "FORMEL:";G$:G$ = G$ + "$":A = AF
603  A$ =  LEFT$ (G$,1): IF A$ < "A" OR A$ > "Z" THEN E$ = "1.ZEIC
     HEN": GOTO 612
604  E$ = "":L = 1:A$ =  LEFT$ (G$,1):Z$ = ""
605  Z$ = Z$ + A$:L = L + 1:A$ =  MID$ (G$,L,1)
606  IF A$ < > "=" AND A$ < > "$" THEN 605
607  IF A$ < > "=" THEN E$ = " = FEHLT": GOTO 613
608  FOR K = 0 TO J0:X$(K,J) = N$(K): NEXT K
609  J2 = J0:J3 = J0:Q$ = Z$: GOSUB 640
610  IF E$ = "" AND K > 0 THEN E$ = "KLAMMER"
611  IF E$ = "" AND J2 = J3 THEN  RETURN
612  IF J2 > J3 THEN E$ = X$(J2,J) + " UNBEKANNT"
613  PRINT "FEHLER: ";E$: GOTO 602
619  -
640  REM   TERM
641  K = 0:M2 = J7:E$ = "":H = 6:E = A + 43: GOTO 644
642  H = 0: FOR M = 1 TO  LEN (OL$): IF  MID$ (OL$,M,1) = A$ THEN
     H = M
643  NEXT M: POKE A,199 + H:A = A + 1: IF H = 0 THEN E$ = "OPERAT
     ION " + A$: RETURN
644  L = L + 1:A$ =  MID$ (G$,L,1)
645  IF A$ = "-" THEN  POKE A,201:A = A + 1:L = L + 1:A$ =  MID$
     (G$,L,1)
646  IF A$ = "(" THEN K = K + 1: POKE A,40:A = A + 1: GOTO 644
647  B = 0: IF A$ > = "A" AND A$ < = "Z" THEN B = 1
648  IF (A$ > = "0" AND A$ < = "9") OR A$ = "." OR A$ = "-" THEN
     B = 2
649  IF B = 0 THEN E$ = "OPERAND " + A$: RETURN
650  I = 0: ON B GOSUB 660,680
651  IF E$ < > "" THEN  RETURN
652  IF I > 0 THEN 646
654  IF E$ < > "" THEN  RETURN
655  IF A$ = ")" AND K = 0 THEN E$ = A$: RETURN
656  IF A$ = "$" THEN  FOR I = A TO E: POKE I,58: NEXT I: RETURN

657  IF A$ < > ")" THEN 642
658  K = K - 1:L = L + 1:A$ =  MID$ (G$,L,1):Q =  - 1: POKE A,41:A
      = A + 1: GOTO 654
659  -
660  REM   NAME
661  Z$ = ""
662  Z$ = Z$ + A$:L = L + 1:A$ =  MID$ (G$,L,1)
663  IF (A$ > = "0" AND A$ < = "9") OR (A$ > = "A" AND A$ < =
     "Z") THEN 662
664  Q =  - 1: IF A$ = "(" THEN 670
665  IF J2 =  - 1 THEN  RETURN
666  FOR M = 0 TO J2: IF Z$ = X$(M,J) THEN Q = M
667  NEXT M: IF Q < 0 THEN J2 = J2 + 1:X$(J2,J) = Z$:Q = J2
668  POKE A,86: POKE A + 1,40: POKE A + 2,48 + Q: POKE A + 3,41:A
      = A + 4: RETURN
670  I = 0: FOR M = 1 TO  LEN (FL$) / 3: IF  MID$ (FL$,3 * M - 2,3
     ) < > Z$ THEN 672
671  POKE A,209 + M:A = A + 1:I = M
672  NEXT M: IF I = 0 THEN E$ = Z$ + " UNBEKANNT"
673  RETURN
679  -
```

```
680 REM   VALUE
681 POKE A, ASC (A$):A = A + 1
682 L = L + 1:A$ =  MID$ (G$,L,1)
683  IF (A$ > = "0" AND A$ < = "9") OR A$ = "." THEN 681
684  RETURN
699  -
700 REM   RUNDEN
701  IF Y = 0 OR Y = YZ THEN   RETURN
702 X =  SGN (Y):Y =  ABS (Y): GOSUB 940
703 Y = X *  INT (1000 * Y / F + 0.5) * F / 1000: RETURN
719  -
720 REM   WAHL
721  FOR J = 0 TO J0: PRINT "("; CHR$ (J + 48 + 1);") ";N$(J);" "
    ;B$: NEXT J
722  PRINT "(0) KEINE ";B$;:A7 = J0 + 1: GOSUB 920
723 J = A0: RETURN
739  -
740 REM   LIN GLEICHUNGSSYSTEM
741 J9 = J: IF J2 < 2 THEN 752
742  FOR I = 1 TO J2 - 1:H = 0:L = 0: FOR J = I TO J2
743  IF  ABS (A(J,I)) > H THEN H =  ABS (A(J,I)):L = J
744  NEXT J: IF L = 0 THEN   PRINT "NICHT LOESBAR!": STOP
745 H = B(I):B(I) = B(L):B(L) = H
746  FOR J = 1 TO J2:H = A(I,J):A(I,J) = A(L,J):A(L,J) = H: NEXT
    J
748 H = A(I,I): FOR J = I + 1 TO J2: FOR K = I + 1 TO J2
749 A(J,K) = A(J,K) - A(J,I) * A(I,K) / H: NEXT K
750 B(J) = B(J) - A(J,I) * B(I) / H: NEXT J: NEXT I
752  FOR I = J2 TO 1 STEP  - 1: IF I = J2 THEN 754
753  FOR J = I + 1 TO J2:B(I) = B(I) - A(I,J) * B(J): NEXT J
754 B(I) = B(I) / A(I,I): NEXT I:J = J9: RETURN
759  -
760 REM   X UND Y
761 X = W(J1,I):Y = W(J,I)
762  IF T(J) > 0 THEN  RETURN
763 Y = (W(J,I + 1) - Y) / (W(J1,I + 1) - X)
764 X = (W(J1,I + 1) + X) / 2: RETURN
779  -
780 REM   MESSGROESSEN
781  PRINT "MESSGROESSEN:"
782  FOR J = 0 TO J0: PRINT "   ";N$(J),U$(J): NEXT J
783  PRINT : RETURN
799  -
800 REM   KOORDINATENSYSTEM
801 PX = 4:QX = 277:PY = 155:QY = 2
802 CX = (QX - PX) / (VX - UX):ZX = PX - UX * CX
803 CY = (QY - PY) / (VY - UY):ZY = PY - UY * CY
804  RETURN
819  -
900 REM   TITEL
901  HOME : FOR I = 1 TO  LEN (A$) + 4: PRINT "*";: NEXT I
902  PRINT : PRINT "* ";A$;" *"
903  FOR I = 1 TO  LEN (A$) + 4: PRINT "*";: NEXT I
904  PRINT : PRINT : RETURN
919  -
```

```
920 REM  MENU
921 PRINT "         ? ";:
922 GET A$: IF A$ < "0" OR A$ > "9" THEN 922
923 A0 = VAL (A$): IF A0 > A7 THEN 922
924 PRINT A$: PRINT : RETURN
939 -
940 REM  FAKTOR
941 F = 1: IF Y < = 0 THEN  RETURN
942  IF Y < 1 THEN F = .1
943  IF Y > = F THEN 945
944 F = F / 10: GOTO 943
945  IF Y < 10 * F THEN 947
946 F = F * 10: GOTO 945
947 RETURN
959 -
960 REM  QUICKSORT
961 L0 = 1:L3 = I0: PRINT "BITTE GEDULD!"
964 L1 = L0:L2 = L3:X = W(J1, INT ((L0 + L3) / 2))
965  IF W(J1,L1) < X THEN L1 = L1 + 1: GOTO 965
966  IF W(J1,L2) > X THEN L2 = L2 - 1: GOTO 966
967  IF L1 > L2 THEN 970
968  FOR J = 0 TO J0:H = W(J,L1):W(J,L1) = W(J,L2)
969 W(J,L2) = H: NEXT J:L1 = L1 + 1:L2 = L2 - 1
970  IF L1 < = L2 THEN 965
971  IF L2 - L0 < L3 - L1 THEN 974
972  IF L0 < L2 THEN S = S + 1:F(S) = L0:Z(S) = L2
973 L0 = L1: GOTO 976
974  IF L1 < L3 THEN S = S + 1:F(S) = L1:Z(S) = L3
975 L3 = L2
976  IF L0 < L3 THEN 964
977 L0 = F(S):L3 = Z(S):S = S - 1: IF S > = 0 THEN 964
978 RETURN
979 -
980 REM  WEITER
981 PRINT " WEITER MIT LEERTASTE ";
982  GET A$: IF A$ < > " " THEN 982
983 RETURN
989 -
990 REM  FORMEL
991 Y = YZ
992  IF E = 0 THEN Y = V(1) * V(0) * V(0):::::::::::::::::::::::
    :::::::::::: RETURN
995 RETURN
996 E = 1: RESUME
```

```
1    REM   BRANDENBURG 85K
2    PRINT "********"
3    PRINT "* GRAF *"
4    PRINT "********"
10   GOSUB 400:F = 1
14   PRINT   CHR$ (4);"BLOAD CHAIN,A520"
15   CALL 520"AUSWERT"
16   END
19   -
400  REM   GRAPH
401   IF UX = VX OR UY = VY THEN   RETURN
402   HGR : HCOLOR= 7: GOSUB 800
403   PRINT : PRINT T$: PRINT
404   PRINT "X-ACHSE ";N$(J1);":";FX;U$(J1)
405  K = 0: PRINT "Y-ACHSE";
406   FOR J = 0 TO J0: IF T(J) = 0 THEN 416
407   PRINT " ";N$(J);: IF T(J) < 0 THEN   PRINT "'";
408   PRINT ":";FY;U$(J);: IF T(J) < 0 THEN   PRINT "/";U$(J1);
412  I1 = I0: IF T(J) < 0 THEN I1 = I0 - 1
413  K = K + 1: FOR I = 1 TO I1: GOSUB 760
414   IF X < YZ AND Y < YZ THEN   GOSUB 820
415   NEXT I: ON   ABS (T(J)) - 1 GOSUB 520,520,560
416   NEXT J
417   GET B$: IF B$ = "" THEN 417
418   PRINT "  BITTE GEDULD!": TEXT : RETURN
419   -
520  REM   AUSGLEICHSGERADE
521  M = R(1,J):B = 0
522   IF   ABS (T(J)) = 2 THEN B = R(2,J)
523   GOSUB 860
524   RETURN
539   -
560  REM   KURVE
561  A =  PEEK (105) + 256 *  PEEK (106) - 71:E = A + 47
562   FOR K = 1 TO N(J):V(K) = R(K,J): NEXT K
563   FOR I = 1 TO   LEN (G$): POKE I + A - 1, ASC ( MID$ (G$,I,1)
     : NEXT I
564   FOR I = A +  LEN (G$) TO E: POKE I,58: NEXT I
565   ONERR   GOTO 996
566   FOR I = PX TO QX:V(0) = (I - ZX) / CX:E = 0: GOSUB 990
567   IF Y < = VY AND Y > = UY THEN   HPLOT I,Y * CY + ZY
568   NEXT I
569   POKE 216,0: RETURN
579   -
760  REM   X UND Y
761  X = W(J1,I):Y = W(J,I)
762   IF T(J) > 0 THEN   RETURN
763  Y = (W(J,I + 1) - Y) / (W(J1,I + 1) - X)
764  X = (W(J1,I + 1) + X) / 2: RETURN
779   -
```

```
800  REM   KOORDINATENSYSTEM
801  PX = 4:QX = 277:PY = 155:QY = 3
802  CX = (QX - PX) / (VX - UX):ZX = PX - UX * CX
803  CY = (QY - PY) / (VY - UY):ZY = PY - UY * CY
804  HPLOT PX,ZY TO QX,ZY: HPLOT ZX,PY TO ZX,QY
805  Y =  - UX: IF VX > Y THEN Y = VX
806  GOSUB 940
807  FOR I =  -  INT ( - UX / F) TO VX / F:J = I * F * CX + ZX
808  NEXT I: FOR I =  -  INT ( - 2 * UX / F) TO 2 * VX / F:J = I *
     F * CX / 2 + ZX
809  IF 2 *  INT (I / 2) = I THEN  HPLOT J,ZY TO J,ZY + 4
810  IF (VX - UX) / F < 4 THEN  HPLOT J,ZY TO J,ZY + 2
811  NEXT I:FX = F:Y =  - UY: IF VY > Y THEN Y = VY
812  GOSUB 940
813  FOR I =  -  INT ( - UY / F) TO VY / F:J = I * F * CY + ZY
814  NEXT I: FOR I =  -  INT ( - 2 * UY / F) TO 2 * VY / F:J = I *
     F * CY / 2 + ZY
816  IF 2 *  INT (I / 2) = I THEN  HPLOT ZX,J TO ZX - 4,J
817  IF (VY - UY) / F < 4 THEN  HPLOT ZX,J TO ZX - 2,J
818  NEXT I:FY = F: RETURN
819   -
820  REM   MESSPUNKT
821  X = X * CX + ZX:Y = Y * CY + ZY: ON K GOTO 822,824,826
822  HPLOT X + 2,Y + 2 TO X - 2,Y - 2: HPLOT X - 2,Y + 2 TO X + 2
     ,Y - 2: RETURN
824  HPLOT X + 2,Y + 2 TO X + 2,Y - 2 TO X - 2,Y - 2 TO X - 2,Y +
     2 TO X + 2,Y + 2: RETURN
826  HPLOT X - 2,Y TO X + 2,Y: HPLOT X,Y - 2 TO X,Y + 2: RETURN
839   -
860  REM   GERADE
861  X = UX:Y = M * X + B: IF Y < UY THEN 865
862  IF Y <  = VY THEN 868
863  IF M >  = 0 THEN  RETURN
864  Y = VY:X = (Y - B) / M: GOTO 867
865  IF M <  = 0 THEN  RETURN
866  Y = UY:X = (Y - B) / M
867  IF X > VX THEN  RETURN
868  X0 = X * CX + ZX:Y0 = Y * CY + ZY:X = VX:Y = M * X + B
869  IF Y < UY THEN X = (UY - B) / M:Y = UY
870  IF Y > VY THEN X = (VY - B) / M:Y = VY
871  HPLOT X0,Y0 TO X * CX + ZX,Y * CY + ZY
872  RETURN
879   -
940  REM   FAKTOR
941  F = 1:E = 0: IF Y <  = 0 THEN    RETURN
942  IF Y < 1 THEN F = .1:E =  - 1
943  IF Y >  = F THEN 945
944  F = F / 10:E = E - 1: GOTO 943
945  IF Y < 10 * F THEN 948
946  F = F * 10:E = E + 1: GOTO 945
948  RETURN
959   -
990  REM   FORMEL
991  Y = YZ
992  IF E = 0 THEN Y = 3 - V(0):::::::::::::::::::::::::::::::::::
     :::::::::: RETURN
995  RETURN
996  E = 1: RESUME
```

10.2 Messprogramme

```
1   HOME : REM   BRANDENBURG 85D
2   PRINT "************************"
3   PRINT "*  SCHNITTSTELLEN-TEST *"
4   PRINT "************************"
5   PRINT   CHR$ (4);"BLOAD EINSPANN"
6  SN = 4:V = 49280 + 16 * SN
8    POKE V + 3,255: POKE V + 2,184
9    POKE V + 11,0: POKE V + 14,0
10   DIM B(7)
11  A = 0:A1 = 0:A2 = 1
12   IF A = 20 *   INT (A / 20) THEN A2 = A1:A1 = 1 - A1
13   GOSUB 120: GOSUB 160
14   GOSUB 100: GOSUB 140: GOSUB 40
15  A = A + 5: IF A > 255 THEN A = 0
16   IF  PEEK ( - 16384) < 128 THEN 12
17   GET A$: END
19   -
40   REM  BILDSCHURM
43   POKE 37,3
44   PRINT : PRINT "   DE1","  DE2","  AE"
45   PRINT "    ";E1,"    ";E2,E / 100;"  "
46   GOSUB 60
47   PRINT "   DA1","  DA2","  AA"
48   PRINT "    ";A1,"    ";A2,A / 100;"  "
49   GOSUB 60: PRINT " MASSE"," "," TASTE"
50   PRINT "    -"
51   PRINT "   (O)"," "," (";
52   IF B(0) = 0 THEN   PRINT "X";
53   IF B(0) > 0 THEN   PRINT " ";
54   PRINT ")": PRINT "    -";
55   RETURN
59   -
60   REM  BUCHSEN
61   PRINT "   -","   -","   -"
62   PRINT "  (O)","  (O)","  (O)"
63   PRINT "   -","   -","   -"
64   PRINT : PRINT : PRINT : RETURN
79   -
100  REM  ANA-IN
101   POKE 250,PB: POKE 251,A: CALL 768
102 E =  PEEK (252): RETURN
119  -
120  REM  ANALOG-AUS
121   POKE V + 1,A: POKE V,PB + 8
122  RETURN
139  -
140  REM  DIGITAL-EIN
141 X =  PEEK (V)
142  FOR I = 0 TO 7:B(I) = X - 2 *  INT (X / 2):X =  INT (X / 2): NEXT I
143 E1 = 1 - B(6):E2 = 1 - B(1)
144  RETURN
159  -
160  REM  DIGITAL-AUS
161 PB = 128 * A1 + 16 * A2
162   POKE V,PB + 8: RETURN
```

```
1   HOME : REM   BRANDENBURG 85K
2   PRINT "************"
3   PRINT "* STOPPUHR *"
4   PRINT "************"
5   PRINT   CHR$ (4);"BLOAD EINZEIT"
6   DIM Z$(10,7): GOSUB 60
7   GOSUB 100
8   END
19  -
60  REM   ZIFFERN
61   FOR I = 1 TO 7: FOR J = 0 TO 9: READ X$
62  Z$(J,I) = "  " + X$: NEXT J
63  Z$(10,I) = "        ": NEXT I: RETURN
64   DATA " *** "," *   "," *** "," *** ","   * "
65   DATA "*****","  ***","*****"," *** "," *** "
66   DATA "*   *"," **  ","*   *","*   *","  ** "
67   DATA "*   *","  *  ","    *","    *","    *"
68   DATA "*   *"," *   ","    *","    *","  * *"
69   DATA "*   *","  *  ","   * ","   * ","    *"
70   DATA "*   *","  *  ","  *  "," **  ","  *  "
71   DATA "**** ","**** ","  *  "," *** "," ****"
72   DATA "*   *"," *   ","  *  ","    *","*****"
73   DATA "   *","  *  "," *   "," *   ","    *"
74   DATA "  *  "," *   "," *   "," *   "," *   "
75   DATA "*   *","*   *","*    ","*   *","*   *"
76   DATA " *** ","*****","*****"," *** ","   * "
77   DATA " *** "," *** ","*    "," *** "," *** "
79  -
100  REM   MODUS
106  PRINT : PRINT
107  PRINT " (1) START MIT DE1, STOP MIT DE2"
108  PRINT " (2) PULSDAUER MESSEN MIT DE1"
109  PRINT " (3) PERIODENDAUER MESSEN MIT DE1"
110  PRINT " (4) GESCHWINDIGKEITSMESSUNG"
111  PRINT " (0) PROGRAMM BEENDEN       ? ";
112  N = 4: GOSUB 800:C = A: IF C = 0 THEN   RETURN
113  PRINT " (1) START MIT STEIGENDER FLANKE"
114  PRINT " (0) START MIT FALLENDER FLANKE ? ";
115  N = 1: GOSUB 800: ON C GOSUB 120,140,160,140
116  GOSUB 180: PRINT " WEITER MIT DER LEERTASTE"
117  IF   PEEK ( - 16384) < 128 THEN 117
118  GOTO 100
119  -
120  REM   START/STOP
121  PRINT " (1) STOPP MIT STEIGENDER FLANKE"
122  PRINT " (0) STOPP MIT FALLENDER FLANKE ? ";
123  F = A: GOSUB 800:G = A:B = 2: RETURN
139  -
140  REM   PULS
141   IF C = 4 THEN   INPUT "FAHNENBREITE IN CM:";D
142  F = A:G = 1 - F:B = 1: RETURN
159  -
160  REM   PERIODE
161  F = A:G = F:B = 1: RETURN
179  -
```

```
180  REM   ZEITMESSUNG
181  POKE 790,126 - 62 * B
182  POKE 803,48 - 32 * F
183  POKE 809,16 + 32 * F
184  POKE 828,208 + 32 * G
185  POKE 844,240 - 32 * G
186  PRINT " WARTEN AUF START/STOPP"
187  CALL 768:Y = 0
188  FOR A = 250 TO 252:Y = 256 * Y + 255 -  PEEK (A): NEXT A
189  Y = Y / 1012000
190  IF C = 4 THEN Y = D / Y
191  GOSUB 620
192  N = 5: GOSUB 600
193  IF C < 4 THEN   PRINT "                         SEKUNDEN"
194  IF C = 4 THEN   PRINT "                         CM/S"
197  RETURN
199  -
600  REM   GROSSANZEIGE
601  Z = Y:L = 0:Q = 0: IF Z ² M THEN Q = 1
602  FOR I = 1 TO N:M = M / 10:H =  INT (Z / M):L = L + H
603  Z = Z - M * H
604  IF (L = 0 AND S > 0) OR Q = 0 THEN H = 10
605  IF I = S THEN L = 1
606  K(I) = H: NEXT I
607  PRINT : PRINT
608  FOR L = 1 TO 7
609  FOR I = 1 TO N: PRINT Z$(K(I),L);: NEXT I
610  PRINT : NEXT L
611  IF Q = 0 THEN  PRINT Y: RETURN
612  IF S = 0 THEN  PRINT "**": PRINT "**": RETURN
613  FOR I = 1 TO S: PRINT "        ";: NEXT I
614  PRINT "**"
615  FOR I = 1 TO S: PRINT "        ";: NEXT I
616  PRINT "**": RETURN
619  -
620  REM   VORKOMMASTELLEN
621  S = 0:M = 1
622  IF Y < M THEN  RETURN
623  S = S + 1:M = M * 10: GOTO 622
639  -
800  REM   MENU
801  IF   PEEK ( - 16384) < 128 THEN 801
802  GET A$: IF A$ < "0" OR A$ > "9" THEN 801
803  A =  VAL (A$): IF A > N THEN 801
804  PRINT A: PRINT : RETURN
```

```
1   HOME : REM   BRANDENBURG 85K
2   PRINT "***************************"
3   PRINT "* STOPPUHR MIT AUSWERTUNG *"
4   PRINT "***************************"
5   PRINT  CHR$ (4);"BLOAD EINZEIT"
6  I7 = 64:J7 = 3: DIM W(J7,I7),N$(J7),U$(J7),C$(10,7): GOSUB 60
7   PRINT : INPUT "TITEL DER MESSREIHE:";T$
8   INPUT "UNTERTITEL:";T1$
9   INPUT "NAME DES PARAMETERS:";N$(0)
10   INPUT "EINHEIT:";U$(0)
11  N$(1) = "T":U$(1) = "S":J0 = 1
12   GOSUB 100
13  F =  - 1: IF I0 = 0 THEN  END
14   PRINT  CHR$ (4);"BLOAD CHAIN,A520"
15   CALL 520"AUSWERT"
16   END
19   -
60   REM   ZIFFERN
61   FOR I = 1 TO 7: FOR J = 0 TO 9: READ X$
62  C$(J,I) = "  " + X$: NEXT J
63  C$(10,I) = "       ": NEXT I: RETURN
64   DATA  " *** "," *   "," *** "," *** ","   * "
65   DATA  "*****","  ***","*****"," *** "," *** "
66   DATA  "*   *","   **","*   *","*   *","*  **"
67   DATA  "*   ","   * ","    *","    *","*  * "
68   DATA  "*   *","  * *","    *","    *","* *  "
69   DATA  "*   ","   * ","   * ","  *  ","*   *"
70   DATA  "*   *","   * ","  *  ","  ** ","*  * "
71   DATA  "**** ","**** ","   * "," *** "," ****"
72   DATA  "*   *"," *   ","  *  ","    *","*****"
73   DATA  "    *","  *  ","  *  ","    *","    *"
74   DATA  "*   *","  *  ","   * ","    *","   * "
75   DATA  "*   *"," *   ","  *  ","  *  ","  *  "
76   DATA  " *** ","*****","*****"," *** ","   * "
77   DATA  " *** "," *** ","*    "," *** "," *** "
79   -
100   REM   MESSUNG
101  I0 = 0: PRINT : PRINT
102   PRINT " (1) START MIT DE1, STOP MIT DE2"
103   PRINT " (2) PULSDAUER MESSEN MIT DE1"
104   PRINT " (3) PERIODENDAUER MESSEN MIT DE1"
105   PRINT " (4) GEPSCHWINDIGKEITSMESSUNG"
106   PRINT " (0) PROGRAMM BEENDEN                    ";
107  N = 4: GOSUB 800:C = A: IF C = 0 THEN  RETURN
108   PRINT " (1) START MIT STEIGENDER FLANKE"
109   PRINT " (0) START MIT FALLENDER FLANKE ? ";
110  N = 1: GOSUB 800: ON C GOSUB 120,140,160,140
111  I0 = I0 + 1
112   PRINT I0;". WERT FUER ";N$(0);: INPUT ":";W(0,I0)
113   GOSUB 180
114   PRINT " (1) NAECHSTE MESSUNG"
115   PRINT " (2) MESSUNG WIEDERHOLEN"
116   PRINT " (0) MESSREIHE AUSWERTEN";:N = 2: GOSUB 800
117  W(1,I0) = Y: ON A GOTO 111,113
118   RETURN
119   -
120   REM   START/STOP
121   PRINT " (1) STOPP MIT STEIGENDER FLANKE"
122   PRINT " (0) STOPP MIT FALLENDER FLANKE ? ";
123  F = A: GOSUB 800:G = A:B = 2: RETURN
139   -
```

```
140  REM   PULS
141  IF C < 4 THEN 144
142  N$(1) = "V":U$(1) = "CM/S"
143  INPUT "FAHNENBREITE IN CM:";D
144  F = A:G = 1 - F:B = 1: RETURN
159  -
160  REM   PERIODE
161  F = A:G = F:B = 1: RETURN
179  -
180  REM   ZEITMESSUNG
181  POKE 790,126 - 62 * B
182  POKE 803,48 - 32 * F
183  POKE 809,16 + 32 * F
184  POKE 828,208 + 32 * G
185  POKE 844,240 - 32 * G
186  PRINT " WARTEN AUF START/STOPP"
187  CALL 768:Y = 0
188  FOR A = 250 TO 252:Y = 256 * Y + 255 -  PEEK (A): NEXT A
189  Y = Y / 1012000
190  IF C = 4 THEN Y = D / Y
191  GOSUB 620
192  N = 5: GOSUB 600
193  IF C < 4 THEN  PRINT "                    SEKUNDEN"
194  IF C = 4 THEN  PRINT "                    CM/S"
197  RETURN
199  -
600  REM   GROSSANZEIGE
601  Z = Y:L = 0:Q = 0: IF Z < M THEN Q = 1
602  FOR I = 1 TO N:M = M / 10:H =  INT (Z / M):L = L + H
603  Z = Z - M * H
604  IF (L = 0 AND S > 0) OR Q = 0 THEN H = 10
605  IF I = S THEN L = 1
606  K(I) = H: NEXT I
607  PRINT : PRINT
608  FOR L = 1 TO 7
609  FOR I = 1 TO N: PRINT C$(K(I),L);: NEXT I
610  PRINT : NEXT L
611  IF Q = 0 THEN  PRINT Y: RETURN
612  IF S = 0 THEN  PRINT "**": PRINT "**": RETURN
613  FOR I = 1 TO S: PRINT "        ";: NEXT I
614  PRINT "**"
615  FOR I = 1 TO S: PRINT "        ";: NEXT I
616  PRINT "**": RETURN
619  -
620  REM   VORKOMMASTELLEN
621  S = 0:M = 1
622  IF Y < M THEN  RETURN
623  S = S + 1:M = M * 10: GOTO 622
639  -
800  REM   MENU
801  IF  PEEK ( - 16384) < 128 THEN 801
802  GET A$: IF A$ < "0" OR A$ > "9" THEN 801
803  A =  VAL (A$): IF A > N THEN 801
804  PRINT A: PRINT : RETURN
```

```
1   HOME : REM   BRANDENBURG 85K
2   PRINT "******************************"
3   PRINT "* GESCHWINDIGKEITS-STATISTIK *"
4   PRINT "******************************"
5   PRINT  CHR$ (4);"BLOAD EINZEIT"
6   I0 = 20:J0 = 1:J7 = 2
7    DIM W(J7,I0),N$(J7),U$(J7)
8   T$ = "V-HISTOGRAMM": GOSUB 40
9    GOSUB 100
10   GOSUB 200
11   PRINT "(1) MEHR WERTE MESSEN"
12   PRINT "(2) KURVE EINTRAGEN"
13   PRINT "(3) WERTE VON DISKETTE LESEN"
14   PRINT "(4) WERTE AUF DISKETTE SPEICHERN"
15   PRINT "(0) PROGRAMM-ENDE";:N = 4: GOSUB 920
16   IF A = 0 THEN  END
17   ON A GOSUB 100,160,140,340
18   GOTO 10
19   -
40   REM   VORBEREITUNG
41   PRINT "LICHTSCHRANKE AN DE1": PRINT
42   INPUT "KUGELDURCHMESSER IN MM:";D
43   INPUT "MAXIMALE GESCHWINDIGKEIT IN M/S:";V0
44   FOR I = 1 TO I0:W(1,I) = 0
45   W(0,I) = (I - 0.5) / I0 * V0: NEXT I
46   N$(0) = "V":N$(1) = "N"
47   U$(0) = "M/S":U$(1) = "-"
48   N = 0:S1 = 0:S2 = 0: RETURN
59   -
100   REM   MESSUNG
103   GOSUB 400
104   POKE 790,64: POKE 803,48: POKE 809,16
105   POKE 828,240: POKE 844,208: CALL 768
106   Y = 0: FOR I = 250 TO 252
107   Y = 256 * Y + 255 -  PEEK (I): NEXT I
108   V = 1000 * D / Y:S1 = S1 + V:S2 = S2 + V * V
109   I =  INT ((I0 - 1) * V / V0 + 1.5)
110   X = (I - 0.5) * V0 / I0:M = M + 1
111   IF I < = I0 THEN  Y = W(1,I) + 1:W(1,I) = Y: GOSUB 820
112   IF  PEEK ( - 16384) < 128 THEN 105
113   GET A$: TEXT : RETURN
119   -
140   REM   EINLESEN VON DISKETTE
141   INPUT "FILE-NAME:";F$: IF F$ = "" THEN  RETURN
142   D$ =  CHR$ (4): PRINT D$;"OPEN" + F$
143   PRINT D$;"READ" + F$: INPUT A$: INPUT T1$
144   INPUT J:J0 = J - 1
145   FOR J = 0 TO J0: INPUT N$(J),U$(J): NEXT J
146   INPUT I0
147   FOR I = 1 TO I0: FOR J = 0 TO J0
148   INPUT W(J,I): NEXT J: NEXT I
149   PRINT D$;"CLOSE" + F$
150   J = 0:K = 0: FOR I = 1 TO  LEN (T1$)
151   IF  MID$ (T1$,I,1) = "/" THEN K = J:J = I
152   NEXT I
153   M =  VAL ( MID$ (T1$,1,K - 1))
154   S1 =  VAL ( MID$ (T1$,K + 1,J - K - 1))
155   S2 =  VAL ( MID$ (T1$,J + 1, LEN (T1$) - J - 1))
156   GOSUB 400
157   GET A$: IF A$ = "" THEN 157
158   TEXT : RETURN
159   -
```

```
160  REM   KURVE
161  K7 = 270: GOSUB 180
162   GOSUB 400: FOR I = 0 TO K7
163  X = UX + I * (VX - UX) / K7:Y = C * X * X *    EXP ( - X * X
     A / A)
164  Y = Y * M * V0 / I0
165  IF Y >  = UY AND Y <  = VY THEN   HPLOT X * CX + ZX,Y * CY -
     ZY
166  NEXT I
167  SX = 0: FOR I = 1 TO I0:X = W(0,I)
168  Y = C * X * X *   EXP ( - X * X / A / A)
169  SX = SX + (Y - Y1) ↑ 2: NEXT I
170   GET A$: IF A$ = "" THEN 170
171   TEXT : RETURN
179   -
180   REM   BOLTZMANN-VERTEILUNG
181   PRINT "VERTEILUNG NACH BOLTZMANN:"
182   PRINT
183   PRINT "WAHRSCHEINLICHKEIT FUER ÄV,V+DVÜ"
184   PRINT "4*V↑2/SQR(PI)*EXP(-(V/A)↑2)/A↑3*DV"
185   PRINT : INPUT "A IN M/S:";A
186  C = 4 /  SQR (3.14159) / A    3: RETURN
199   -
200   REM   AUSGABE
201  A$ = T$: GOSUB 900
202   PRINT M;" WERTE": PRINT
203   PRINT "   V-MITTELWERT :";S1 / M;"M/S"
204   PRINT "SQR(V↑2-MITTEL):"; SQR (S2 / M);"M/S"
206   PRINT : RETURN
219   -
340   REM   AUSGABE AUF DISKETTE
341   INPUT "FILE-NAME:";F$: IF F$ = "" THEN   RETURN
342  D$ =  CHR$ (4): PRINT D$;"OPEN" + F$
343   PRINT D$;"WRITE" + F$: PRINT T$
344   PRINT M;"/";S1;"/";S2: PRINT J0 + 1
345   FOR J = 0 TO J0: PRINT N$(J): PRINT U$(J): NEXT J
346   PRINT I0
347   FOR I = 1 TO I0: FOR J = 0 TO J0
348   PRINT W(J,I): NEXT J: NEXT I
349   PRINT D$;"CLOSE" + F$
350   RETURN
359   -
400   REM   HISTOGRAMM
401   HGR : HCOLOR= 7
402  UX = 0:VX = V0:UY = 0:VY = 76: GOSUB 800
403   PRINT : PRINT : PRINT : PRINT : PRINT : PRINT T$
404   PRINT "V:";FX$;" "
405   FOR I = 1 TO I0: IF W(1,I) = 0 THEN 408
406   FOR J = 1 TO W(1,I):X = (I - 0.5) * V0 / I0:Y = J: GOSUB 820
407   NEXT J
408   NEXT I: RETURN
419   -
```

```
800  REM   KOORDINATENSYSTEM
801  PX = 4:QX = 277:PY = 155:QY = 2
802  CX = (QX - PX) / (VX - UX):ZX = PX - UX * CX
803  CY = (QY - PY) / (VY - UY):ZY = PY - UY * CY
804  HPLOT PX,ZY TO QX,ZY: HPLOT ZX,PY TO ZX,QY
805  Y =  - UX: IF VX > Y THEN Y = VX
806  GOSUB 940
807  FOR I =  - INT ( - UX / F) TO VX / F:J = I * F * CX + ZX
808  NEXT I: FOR I =  - INT ( - 2 * UX / F) TO 2 * VX / F:J = I
     F * CX / 2 + ZX
809  IF 2 * INT (I / 2) = I THEN HPLOT J,ZY TO J,ZY + 4
810  IF (VX - UX) / F < 4 THEN HPLOT J,ZY TO J,ZY + 2
811  NEXT I:FX$ = F$:Y =  - UY: IF VY > Y THEN Y = VY
812  GOSUB 940
813  FOR I =  - INT ( - UY / F) TO VY / F:J = I * F * CY + ZY
814  NEXT I: FOR I =  - INT ( - 2 * UY / F) TO 2 * VY / F:J = I
     F * CY / 2 + ZY
816  IF 2 * INT (I / 2) = I THEN HPLOT ZX,J TO ZX - 4,J
817  IF (VY - UY) / F < 4 THEN HPLOT ZX,J TO ZX - 2,J
818  NEXT I: RETURN
819   -
820  REM   MESSPUNKT
821  X = X * CX + ZX:Y = Y * CY + ZY
822  HPLOT X + 2,Y TO X - 2,Y: RETURN
839   -
900  REM   TITEL
901  HOME : FOR I = 1 TO  LEN (A$) + 4: PRINT "*";: NEXT I
902  PRINT : PRINT "* ";A$;" *"
903  FOR I = 1 TO  LEN (A$) + 4: PRINT "*";: NEXT I
904  PRINT : PRINT : RETURN
919   -
920  REM   MENU
921  PRINT "            ? ";
922  GET A$: IF A$ < "0" OR A$ > "9" THEN 922
923  A =  VAL (A$): IF A > N THEN 922
924  PRINT A$: PRINT : RETURN
939   -
940  REM   FAKTOR
941  F = 1:E = 0:F$ = "1": IF Y <  = 0 THEN  RETURN
942  IF Y < 1 THEN F = .1:E =  - 1
943  IF Y >  = F THEN 945
944  F = F / 10:E = E - 1:F$ = "0" + F$: GOTO 943
945  IF Y < 10 * F THEN 947
946  F = F * 10:E = E + 1:F$ = F$ + "0": GOTO 945
947  IF Y < 1 THEN F$ = "." + F$
948  RETURN
```

```
1   HOME : REM  BRANDENBURG 85K
2   PRINT "*************************"
3   PRINT "* BEWEGUNG REGISTRIEREN *"
4   PRINT "*************************"
5   PRINT  CHR$ (4);"BLOAD MEHRZEIT"
6   I7 = 64:J7 = 3: DIM W(J7,I7),N$(J7),U$(J7)
7   N$(0) = "T":U$(0) = "S":N$(1) = "S":U$(1) = "CM": GOSUB 60
8   PRINT : INPUT "TITEL DER MESSREIHE:";T$
9   INPUT "UNTERTITEL:";T1$
10  INPUT "STREIFENBREITE IN CM:";D
11  PRINT : PRINT "(1) NUR VORWAERTSFAHRT"
12  PRINT "(2) VOR- UND RUECKWAERTSFAHRT ? ";
13  N = 2: GOSUB 800
14  C = A:J0 = 1: INPUT "WIEVIELE WERTEPAARE ? ";I0
15  GOSUB 100:F =  - 1
16  PRINT  CHR$ (4);"BLOAD CHAIN,A520"
17  CALL 520"AUSWERT"
18  END
19  -
60  REM  LICHTSCHRANKENTEST
61  A = 49344:X =  PEEK (A + 2): IF X < 184 THEN X = 184
62  POKE A + 2,X: POKE A,128
64  PRINT "LICHTSCHRANKENTEST:"
65  X =  INT ( PEEK (A) / 2):Y =  INT (X / 32)
66  X = X - 2 * INT (X / 2):Y = Y - 2 * INT (Y / 2)
67  PRINT "LS1:";1 - Y;"  LS2:";1 - X;
68  FOR I = 1 TO 12: PRINT  CHR$ (8);: NEXT I
69  IF  PEEK ( - 16384) < 128 THEN 65
70  GET A$: RETURN
79  -
100 REM  MESSUNG
102 PRINT "BEWEGUNG STARTEN!"
103 PCKE 250,65: POKE 251,I0 * 2
104 CALL 768: HOME : PRINT N$(0);":";U$(0),N$(1);":";U$(1)
105 A = 16384:H =  INT ( PEEK (A) / 2) / 2:H = H -  INT (H)
106 G =  INT ( PEEK (A) / 64) / 2:G = G -  INT (G):S = 0: IF G <
     > H THEN S = 1
107 FCR I = 1 TO I0:H =  INT ( PEEK (A) / 2) / 2:H = H -  INT (H
    )
108 IF G <  > H THEN S = S - 1
109 W(0,I) = (( PEEK (A + 768) * 256 +  PEEK (A + 512)) * 256 +  PEEK
     (A + 256)) / 10000
110 IF C < 2 THEN S = 2 * (I - 1)
111 W(1,I) = S * D: IF H <  > G THEN S = S - 1
112 H =  INT ( PEEK (A + 1) / 2) / 2:H = H -  INT (H)
113 IF H <  > G THEN S = S + 2
114 PRINT W(0,I),W(1,I):A = A + 2: NEXT I
115 PRINT : PRINT "(1) MESSREIHE AUSWERTEN"
116 PRINT "(0) MESSUNG WIEDERHOLEN ? ";:N = 1: GOSUB 800
117 IF A = 0 THEN 102
118 RETURN
119 -
800 REM  ANTWORT
801 GET A$: IF A$ < "0" OR A$ > "9" THEN 801
802 A =  VAL (A$): IF A > N THEN 801
803 PRINT A$: PRINT : RETURN
```

```
1   HOME : REM   BRANDENBURG 85K
2   PRINT "****************"
3   PRINT "* STOSSVERSUCH *"
4   PRINT "****************"
5   PRINT  CHR$ (4);"BLOAD MEHRZEIT"
6   DIM W(3),N(3),N$(3),U$(3),T(8),U(8)
7   GOSUB 20: GOSUB 40
8   GOSUB 100
9   END
19  -
20  REM   LICHTSCHRANKENTEST
21  A = 49344:X =   PEEK (A + 2): IF X < 184 THEN X = 184
22  POKE A + 2,X: POKE A,128
24  PRINT "LICHTSCHRANKENTEST:"
25  X =  INT ( PEEK (A) / 2):Y =  INT (X / 32)
26  X = X - 2 *  INT (X / 2):Y = Y - 2 *  INT (Y / 2)
27  PRINT "LS1:";1 - Y;"  LS2:";1 - X;
28  FOR I = 1 TO 12: PRINT  CHR$ (8);: NEXT I
29  IF  PEEK ( - 16384) < 128 THEN 25
30  GET A$: RETURN
39  -
40  REM   MESSGROESSEN
41  PRINT : INPUT "FAHNENBREITE IN CM:";D
42  PRINT : PRINT "LINKER WAGEN IST NR.1, RECHTER IST NR.2"
44  PRINT : PRINT "LINKE LICHTSCHRANKE AN DE1,"
45  PRINT "RECHTE AN DE2."
46  PRINT : PRINT "U1,U2 GESCHWINDIGKEITEN VOR DEM STOSS,"
47  PRINT "V1,V2 GESCHWINDIGKEITEN NACH DEM STOSS."
48  FOR J = 0 TO 3:N(J) =  - 1: NEXT J
49  GOSUB 80:K = 0
50  PRINT :J0 =  - 1:J8 = J0:B$ = "U1": GOSUB 60
51  B$ = "U2": GOSUB 60
52  J9 = J0:B$ = "V1": GOSUB 60
53  B$ = "V2": GOSUB 60
54  RETURN
59  -
60  REM   GROESSE ABFRAGEN
61  PRINT B$;" MESSEN";: GOSUB 800
63  IF A > 0 THEN J0 = J0 + 1:N$(J0) = B$:U$(J0) = "CM/S":N(K) =
    J0
64  K = K + 1: RETURN
79  -
80  REM   ZIFFERN
81  DIM Z$(10,6)
82  FOR J = 0 TO 10: FOR K = 0 TO 6
83  READ Z$(J,K): NEXT K: NEXT J
84  RETURN
85  DATA " *** ","*   *","*  **","* * *","**  *","*    ","  *** "
86  DATA "  *  "," **  ","*  * ","  *  ","  *  ","*    ","  *** "
87  DATA " *** ","*   *","   * ","  *  ","  *  ","    ","*****"
88  DATA " *** ","*   *","   * ","   * ","*** ","   *","  *** "
89  DATA "  *  "," **  ","* *  ","*   *","*****","   *","    * "
90  DATA "*****","*    ","*    ","**** ","    *","   *","  *** "
91  DATA "  ***"," *   ","*    ","**** ","*   *","*   *","  *** "
92  DATA "*****","*   *","   * ","   * ","  *  ","  *  ","  *  "
93  DATA " *** ","*   *","*   *"," *** ","*   *","*   *","  *** "
94  DATA " *** ","*   *","*   *","*   *"," ****","   *","  *** "
95  DATA "     ","     ","     ","     ","     ","     ","     "
```

```
100  REM  MESSUNG
102  PRINT "VERSUCH STARTEN!"
103  G =  INT ( PEEK (49344) / 64) / 2:G0 = G -  INT (G)
104  POKE 251,2 * (J0 - J8): POKE 250,67:A = 16384:AE = 0: CALL 7
     68
105  FOR K = 1 TO 2 * (J0 - J8):H =  PEEK (A):G =  INT (H / 64) /
     2
106  T(K) = ( PEEK (A + 768) * 256 +  PEEK (A + 512)) * 256 +  PEEK
     (A + 256)
107  U(K) = 1:G = G -  INT (G): IF G = G0 THEN U(K) = 2
108  IF H = 2 *  INT (H / 2) THEN AE = 1
109  IF AE = 1 THEN U(K) = 0:T(K) = 0
110  G0 = G:A = A + 1: NEXT K
111  K = 0:J1 = J8:A0 = 0: ON J9 - J8 GOSUB 180,160
112  A0 = 1: ON J0 - J9 GOSUB 180,160
113  FOR J = 0 TO J0: PRINT N$(J),W(J);U$(J): NEXT J
114  GOSUB 120
116  PRINT "NAECHSTER VERSUCH";: GOSUB 800
117  PRINT : IF A = 1 THEN 102
118  RETURN
119  -
120  REM  ANZEIGE
121  F0 = 0: FOR J = 0 TO J0
122  Y =  ABS (W(J)): GOSUB 940
123  IF F > F0 THEN F0 = F
124  NEXT J: IF F0 = 0 THEN F0 = 1
125  FOR J = 0 TO 3
126  FOR K = 0 TO 2:Z(J,K) = 10: NEXT K
127  IF N(J) < 0 THEN 131
128  H =  ABS (W(N(J))):F = F0: FOR K = 0 TO 2
129  Z(J,K) =  INT (H / F):H = H - Z(J,K) * F
130  F = F / 10: NEXT K
131  NEXT J: HOME
132  L = 0: GOSUB 140
133  PRINT :L = 2: GOSUB 140
134  RETURN
139  -
140  REM  ZWEI AUSGABEN
141  FOR I = 0 TO 6
142  FOR K = 0 TO 2: PRINT Z$(Z(L,K),I);" ";: NEXT K
143  PRINT "    ";
144  FOR K = 0 TO 2: PRINT Z$(Z(L + 1,K),I);" ";: NEXT K
145  PRINT : NEXT I
146  PRINT :LL = L: GOSUB 200
147  LL = L + 1: GOSUB 200: PRINT : PRINT
148  IF N(L) > = 0 THEN   PRINT W(N(L)),
149  IF N(L) < 0 THEN   PRINT " ",
150  IF N(L + 1) < 0 THEN   PRINT
151  IF N(L + 1) > = 0 THEN  PRINT "     ";W(N(L + 1));" ";U$(N(L
     + 1));
152  PRINT : RETURN
159  -
```

```
160 REM   ZWEI WERTE
161 U1 = U(K + 1): IF U1 = U(K + 2) THEN U2 = U(K + 3): GOTO 166
162 U2 = U(K + 2):H = T(K + 3):T(K + 3) = T(K + 2):T(K + 2) = H
163 IF U1 = U(K + 3) THEN 166
164 H = T(K + 4):T(K + 4) = T(K + 2):T(K + 2) = H
165 GOSUB 180
167 GOSUB 180
168 V1 = W(J1 - 1):V2 = W(J1)
169 C0 = 0: IF A0 = 0 AND U2 = 1 THEN C0 = 1
170 IF A0 = 1 AND U1 = 2 THEN C0 = 1
171 C1 = 1: IF U1 = 2 AND U2 = 2 THEN C1 =   - 1
172 C2 =   - 1: IF U1 = 1 AND U2 = 1 THEN C2 = 1
173 IF A0 = 1 THEN C1 =   - C1:C2 =   - C2
174 IF C0 = 0 THEN W(J1 - 1) = C1 * V1:W(J1) = C2 * V2
175 IF C0 = 1 THEN W(J1 - 1) = C1 * V2:W(J1) = C2 * V1
176 RETURN
177 -
178 REM   EIN WERT
180 K = K + 2:J1 = J1 + 1: IF T(K) = T(K - 1) THEN W(J1) = 0: RETURN
181 W(J1) = D * 10000 / (T(K) - T(K - 1)): RETURN
799 -
800 REM   PFEIL
801 X = 0: IF N(LL) >   = 0 THEN X = W(N(LL))
802 IF  SGN (X) > 0 THEN  PRINT "        >>>>>           ";
803 IF  SGN (X) < 0 THEN  PRINT "        <<<<<           ";
804 IF  SGN (X) = 0 THEN  PRINT "                        ";
805 RETURN
820 REM   ANTWORT
821 PRINT " (1=JA, 0=NEIN) ? ";
822 GET A$: IF A$ < "0" OR A$ > "1" THEN 802
823 A =  VAL (A$):  PRINT A$: RETURN
929 -
940 REM   FAKTOR
941 F = 1: IF Y <   = 0 THEN  RETURN
942 IF Y < 1 THEN F = .1
943 IF Y >   = F THEN 945
944 F = F / 10: GOTO 943
945 IF Y < 10 * F THEN 948
946 F = F * 10: GOTO 945
948 RETURN
```

```
1   HOME : REM   BRANDENBURG 85K
2   PRINT "***************************"
3   PRINT "* STOESSE MIT AUSWERTUNG *"
4   PRINT "***************************"
5   PRINT   CHR$ (4);"BLOAD MEHRZEIT"
6   I7 = 64:J7 = 3: DIM W(J7,I7),N$(J7),U$(J7),Z(8),U(8)
7   GOSUB 40
8   I0 = 0: GOSUB 100
15  F =  - 1
16  PRINT   CHR$ (4);"BLOAD CHAIN,A520"
17  CALL 520"AUSWERT"
18  END
19   -
40  REM   MESSGROESSEN
41  PRINT : INPUT "TITEL:";T$: INPUT "UNTERTITEL:";T1$
42  PRINT : INPUT "FAHNENBREITE IN CM:";D
43  PRINT : PRINT "LINKER WAGEN IST NR.1, RECHTER IST NR.2"
44  PRINT : PRINT "LINKE LICHTSCHRANKE AN DE1,"
45  PRINT "RECHTE AN DE2."
46  PRINT : PRINT "U1,U2 GESCHWINDIGKEITEN VOR DEM STOSS,"
47  PRINT "V1,V2 GESCHWINDIGKEITEN NACH DEM STOSS."
48  PRINT : PRINT "PARAMETER MIT TASTATUR EINGEBEN";: GOSUB 800
49  J0 = A - 1: IF J0 = 0 THEN   INPUT "NAME:";N$(0): INPUT "EINHEI
    T:";U$(0)
50  J8 = J0:B$ = "U1": GOSUB 60
51  B$ = "U2": GOSUB 60
52  J9 = J0:B$ = "V1": GOSUB 60
53  B$ = "V2": GOSUB 60
54  RETURN
59   -
60  REM   GROESSE ABFRAGEN
61  PRINT B$;" MESSEN";: GOSUB 800
63  IF A > 0 THEN J0 = J0 + 1:N$(J0) = B$:U$(J0) = "CM/S"
64  RETURN
79   -
```

```
100 REM  MESSUNG
101 I0 = I0 + 1: IF J8 > = 0 THEN  PRINT N$(0);":";U$(0);: INPUT
    ":";W(0,I0)
102 PRINT : PRINT "VERSUCH STARTEN!"
103 G = INT ( PEEK (49344) / 64) / 2:G0 = G -  INT (G)
104 POKE 251,2 * (J0 - J8): POKE 250,67:A = 16384:AE = 0: CALL 7
    68
105 FOR K = 1 TO 2 * (J0 - J8):H =  PEEK (A):G =  INT (H / 64) /
    2
106 Z(K) = ( PEEK (A + 768) * 256 +  PEEK (A + 512)) * 256 +  PEEK
    (A + 256)
107 U(K) = 1:G = G -  INT (G): IF G = G0 THEN U(K) = 2
108 IF H = 2 *  INT (H / 2) THEN AE = 1
109 IF AE = 1 THEN U(K) = 0:Z(K) = 0
110 G0 = G:A = A + 1: NEXT K
111 K = 0:J1 = J8:A0 = 0: ON J9 - J8 GOSUB 180,160
112 A0 = 1: ON J0 - J9 GOSUB 180,160
113 FOR J = 0 TO J0: PRINT N$(J),W(J,I0);U$(J): NEXT J
114 PRINT : PRINT "(1) NAECHSTER VERSUCH"
115 PRINT "(2) VERSUCH WIEDERHOLEN"
116 PRINT "(0) MESSREIHE AUSWERTEN";
117 GET A$: IF A$ < "0" OR A$ > "2" THEN 117
118 PRINT A$: PRINT : ON  VAL (A$) GOTO 101,102: RETURN
119 -
160 REM  ZWEI WERTE
161 U1 = U(K + 1): IF U1 = U(K + 2) THEN U2 = U(K + 3): GOTO 166
162 U2 = U(K + 2):H = Z(K + 3):Z(K + 3) = Z(K + 2):Z(K + 2) = H
163 IF U1 = U(K + 3) THEN 166
164 H = Z(K + 4):Z(K + 4) = Z(K + 2):Z(K + 2) = H
166  GOSUB 180
167  GOSUB 180
168 V1 = W(J1 - 1,I0):V2 = W(J1,I0)
170 C0 = 0: IF A0 = 0 AND U2 = 1 THEN C0 = 1
171  IF A0 = 1 AND U1 = 2 THEN C0 = 1
172 C1 = 1: IF U1 = 2 AND U2 = 2 THEN C1 =  - 1
173 C2 =  - 1: IF U1 = 1 AND U2 = 1 THEN C2 = 1
174  IF A0 = 1 THEN C1 =  - C1:C2 =  - C2
175  IF C0 = 0 THEN W(J1 - 1,I0) = C1 * V1:W(J1,I0) = C2 * V2
176  IF C0 = 1 THEN W(J1 - 1,I0) = C1 * V2:W(J1,I0) = C2 * V1
177  RETURN
179 -
180 REM  EIN WERT
181 K = K + 2:J1 = J1 + 1: IF Z(K) = Z(K - 1) THEN W(J1,I0) = 0: RETURN
182 W(J1,I0) = D * 10000 / (Z(K) - Z(K - 1)): RETURN
199 -
800 REM  ANTWORT
801  PRINT " (1=JA, 0=NEIN) ? ";
802  GET A$: IF A$ < "0" OR A$ > "1" THEN 802
803 A =  VAL (A$): PRINT A$: RETURN
```

```
1   HOME : REM   BRANDENBURG 85K
2   PRINT "***********"
3   PRINT "* ZAEHLER *"
4   PRINT "***********"
5   PRINT   CHR$ (4);"BLOAD EINZAEHL"
6   DIM Z$(10,7): GOSUB 60
10   PRINT : PRINT "(1) IMPULSE ZAEHLEN"
11   PRINT : PRINT "(2) FREQUENZ MESSEN"
13   PRINT : PRINT "(0) PROGRAMM-ENDE"
14   PRINT : PRINT "               IHRE WAHL ? ";
15  N = 2: GOSUB 800
16   IF A = 0 THEN   END
17   ON A GOSUB 200,300
18   GOTO 10
19   -
60   REM   ZIFFERN
61   FOR I = 1 TO 7: FOR J = 0 TO 9: READ X$
62  Z$(J,I) = "  " + X$: NEXT J
63  Z$(10,I) = "      ": NEXT I: RETURN
64   DATA " *** "," *  "," *** "," *** ","   * "
65   DATA "*****","  ***","*****"," *** "," *** "
66   DATA "*   *"," **  ","*   *","*   *","*  **"
67   DATA "*   ","  *  ","    *","    *"," * * "
68   DATA "*   *","  *  ","    *","   *","* * "
69   DATA "*   ","  *  ","  *  ","  *  ","*   *"
70   DATA "*   *","  *  ","  *  "," *  ","** * "
71   DATA "****","****","  *  ","  *  "," *** ","****"
72   DATA "*   *","  *  "," *  ","    *","    *","*****"
73   DATA "   *"," *  "," *  ","    *","   *"," *  "
74   DATA "*   *"," *  "," *  "," *  ","   *"," * "
75   DATA "*   *"," *  "," *  "," *  "," *  "," *  "
76   DATA " *** ","*****","*****"," *** "," * "
77   DATA " *** "," *** ","*    "," *** "," *** "
79   -
200   HOME
201   PRINT "*********************"
202   PRINT "*                   *"
203   PRINT "*   IMPULSE ZAEHLEN *"
204   PRINT "*                   *"
205   PRINT "*********************"
206   PRINT "IMPULSE AN DE1!": PRINT : PRINT
207   INPUT "ZAEHLZEIT (0.1...10 S):";T
210   POKE 250, INT (T * 20 + 0.5): CALL 872
211  R = 65535 - 256 *  PEEK (251) -  PEEK (252)
212  R2 = 65535 - 256 *  PEEK (253) -  PEEK (254)
213  Y = R: IF R2 < R THEN Y = Y - 256
214  N = 5:M = 100000:S = 5: GOSUB 600
215   PRINT "               IMPULSE": PRINT
216   PRINT "    WEITER MIT DER LEERTASTE"
217   IF   PEEK ( - 16384) < 128 THEN 217
218   RETURN
```

```
300  HOME
301  PRINT "*********************"
302  PRINT "*                   *"
303  PRINT "*   FREQUENZ MESSEN *"
304  PRINT "*                   *"
305  PRINT "*********************"
306  PRINT "SIGNAL AN DE1 (MAX. 500 KHZ)!"
307  PRINT : PRINT :T = 20:S1 = 2
308  S = S1: POKE 250,T: CALL 872
309  R = 65535 - 256 * PEEK (251) - PEEK (252)
310  R2 = 65535 - 256 * PEEK (253) - PEEK (254)
311  Y = R: IF R2 < R THEN Y = Y - 256
312  GOSUB 320: IF PEEK (255) > 0 THEN Y = 99999999
313  N = 5:M = 100000: GOSUB 600
314  PRINT "                    KILOHERTZ": PRINT
315  PRINT "   WEITER MIT DER LEERTASTE"
316  IF  PEEK ( - 16384) < 128 THEN 308
317  GET A$: RETURN
319  -
320  REM  BEREICH AENDERN
321  S1 = S: IF  PEEK (255) > 0 THEN T = T / 10:S1 = S + 1
322  IF Y < 6553 THEN T = T * 10:S1 = S - 1
323  IF T > 200 THEN T = 200:S1 = 1
324  RETURN
600  REM  GROSSANZEIGE
601  Z = Y:L = 0:Q = 0: IF Z < M THEN Q = 1
602  FOR I = 1 TO N:M = M / 10:H =  INT (Z / M):L = L + H
603  Z = Z - M * H
604  IF (L = 0 AND S > 0) OR Q = 0 THEN H = 10
605  IF I = S THEN L = 1
606  K(I) = H: NEXT I
607  PRINT : PRINT
608  FOR L = 1 TO 7
609  FOR I = 1 TO N: PRINT Z$(K(I),L);: NEXT I
610  PRINT : NEXT L
611  IF Q = 0 THEN  PRINT Y: RETURN
612  IF S = 0 THEN  PRINT "**": PRINT "**": RETURN
613  FOR I = 1 TO S: PRINT "        ";: NEXT I
614  PRINT "**"
615  FOR I = 1 TO S: PRINT "        ";: NEXT I
616  PRINT "**": RETURN
619  -
620  REM  VORKOMMASTELLEN
621  S = 0:M = 1
622  IF Y < M THEN  RETURN
623  S = S + 1:M = M * 10: GOTO 622
639  -
800  REM  MENU
801  IF  PEEK ( - 16384) < 128 THEN 801
802  GET A$: IF A$ < "0" OR A$ > "9" THEN 801
803  A =  VAL (A$): IF A > N THEN 801
804  PRINT A: PRINT : RETURN
```

```
1   HOME : REM   BRANDENBURG 85K
2   PRINT "***************************"
3   PRINT "* ZAEHLER MIT AUSWERTUNG *"
4   PRINT "***************************"
5   PRINT   CHR$ (4);"BLOAD EINZAEHL"
6  I7 = 64:J7 = 3: DIM W(J7,I7),N$(J7),U$(J7)
7   INPUT "TITEL DER MESSREIHE:";T$
8   INPUT "UNTERTITEL:";T1$
9   INPUT "NAME DES PARAMETERS:";N$(0)
10  INPUT "EINHEIT:";U$(0)
11  N$(1) = "F":U$(1) = "HZ":J0 = 1
12   GOSUB 100
15  F =  - 1
16   PRINT   CHR$ (4);"BLOAD CHAIN,A520"
17   CALL 520"AUSWERT"
18   END
19   -
100  REM   MESSUNG
101  INPUT "ZAEHLZEIT (0.05...10 S):";T
102 I = 0
103 I = I + 1
104  PRINT I;". WERT FUER ";N$(0);: INPUT ":";W(0,I)
105  POKE 250, INT (T * 20 + 0.5): CALL 872
106 R = 65535 - 256 *  PEEK (251) -  PEEK (252)
107  IF  PEEK (255) > 0 THEN  PRINT "ACHTUNG: ZAEHLER-UEBERLAUF!"

108  PRINT W(0,I),R:W(1,I) = R / T
110  PRINT : PRINT "(1) NAECHSTE MESSUNG"
111  PRINT "(2) MESSUNG WIEDERHOLEN"
112  PRINT "(0) MESSREIHE AUSWERTEN ";
113  GET A$: IF A$ < "0" OR A$ > "2" THEN 113
114  PRINT A$: PRINT : ON  VAL (A$) GOTO 103,104
115 I0 = I: RETURN
119  - - -
```

```
1   HOME : REM  BRANDENBURG 85K
2   PRINT "**************************"
3   PRINT "* ZAEHLRATEN-STATISTIK *"
4   PRINT "**************************"
5   PRINT  CHR$ (4);"BLOAD EINZAEHL"
6   I0 = 72:J0 = 1:J7 = 2
7   DIM W(J7,I0),N$(J7),U$(J7)
8   T$ = "RATEN-HISTOGRAMM": GOSUB 40
9    GOSUB 100
10   GOSUB 200
11   PRINT "(1) MEHR WERTE MESSEN"
12   PRINT "(2) KURVE EINTRAGEN"
13   PRINT "(3) WERTE VON DISKETTE LESEN"
14   PRINT "(4) WERTE AUF DISKETTE SPEICHERN"
15   PRINT "(0) PROGRAMM-ENDE";:N = 4: GOSUB 920
16   IF A = 0 THEN  END
17   ON A GOSUB 100,160,140,340
18   GOTO 10
19   -
40   REM  VORBEREITUNG
41   PRINT : PRINT "IMPULSE AN DE1!": PRINT
42   INPUT "ZAEHLZEIT (0.05...10S):";T
43   Y0 = I0: REM  MAXIMALE PULSANZAHL
44   FOR I = 1 TO I0:W(1,I) = 0
45   W(0,I) = I: NEXT I
46   N$(0) = "RATE":N$(1) = "N"
47   U$(0) = "-":U$(1) = "-"
48   FOR I = 1 TO 16: PRINT : NEXT I
49   M = 0:S1 = 0:S2 = 0: RETURN
59   -
100  REM  MESSUNG
103   GOSUB 400
104  POKE 250, INT (T * 20 + 0.5)
105  CALL 872
106  Y = 65535 - 256 *  PEEK (251) -  PEEK (252)
108  S1 = S1 + Y:S2 = S2 + Y * Y
109  I =  INT ((I0 - 1) * Y / Y0 + 1.5)
110  X = I * Y0 / I0:M = M + 1
111  IF I < = I0 THEN Y = W(1,I) + 1:W(1,I) = Y: GOSUB 820
112  IF  PEEK ( - 16384) < 128 THEN 104
113  GET A$: TEXT : RETURN
119  -
140  REM  EINLESEN VON DISKETTE
141  INPUT "FILE-NAME:";F$: IF F$ = "" THEN  RETURN
142  D$ =  CHR$ (4): PRINT D$;"OPEN" + F$
143  PRINT D$;"READ" + F$: INPUT A$: INPUT T1$
144  INPUT J:J0 = J - 1
145  FOR J = 0 TO J0: INPUT N$(J),U$(J): NEXT J
146  INPUT I0
147  FOR I = 1 TO I0: FOR J = 0 TO J0
148  INPUT W(J,I): NEXT J: NEXT I
149  PRINT D$;"CLOSE" + F$
150  J = 0:K = 0: FOR I = 1 TO  LEN (T1$)
151  IF  MID$ (T1$,I,1) = "/" THEN K = J:J = I
152  NEXT I
153  M =  VAL ( MID$ (T1$,1,K - 1))
154  S1 =  VAL ( MID$ (T1$,K + 1,J - K - 1))
155  S2 =  VAL ( MID$ (T1$,J + 1, LEN (T1$) - J - 1))
156   GOSUB 400
157  GET A$: IF A$ = "" THEN 157
158  TEXT : RETURN
159  -
```

```
160  REM   KURVE
161  K7 = 270: GOSUB 180
162   GOSUB 400: FOR I = 0 TO K7
163  X = UX + I * (VX - UX) / K7:Y = C *   EXP ( - 0.5 * ((X - RM)
      S) ↑ 2)
165   IF Y >  = UY AND Y <  = VY THEN   HPLOT X * CX + ZX,Y * CY +
      ZY
166   NEXT I
167  SX = 0: FOR I = 1 TO I0:X = W(0,I)
168  Y = C *   EXP ( - 0.5 * ((X - RM) / S) ↑ 2)
169  SX = SX + (Y - Y1) ↑ 2: NEXT I
170   GET A$: IF A$ = "" THEN 170
171   TEXT : RETURN
179   -
180  REM   GAUSS-VERTEILUNG
181   PRINT "VERTEILUNG NACH GAUSS:"
182   PRINT
183   PRINT "WAHRSCHEINLICHKEIT FUER X:"
184   PRINT "1/S/SQR(2*PI)*EXP(-((V-M)/S)↑2)/2)"
186  C = M / S /   SQR (2 * 3.14159): RETURN
199   -
200  REM   AUSGABE
201  A$ = T$: GOSUB 900
202   PRINT M;" WERTE": PRINT
203  RM = S1 / M: PRINT " MITTELWERT:";RM
204  S =   SQR ((S2 - S1 * S1 / M) / M): PRINT " STREUUNG   :";S
206   PRINT : RETURN
219   -
340  REM   AUSGABE AUF DISKETTE
341   INPUT "FILE-NAME:";F$: IF F$ = "" THEN   RETURN
342  D$ =   CHR$ (4): PRINT D$;"OPEN" + F$
343   PRINT D$;"WRITE" + F$: PRINT T$
344   PRINT M;"/";S1;"/";S2: PRINT J0 + 1
345   FOR J = 0 TO J0: PRINT N$(J): PRINT U$(J): NEXT J
346   PRINT I0
347   FOR I = 1 TO I0: FOR J = 0 TO J0
348   PRINT W(J,I): NEXT J: NEXT I
349   PRINT D$;"CLOSE" + F$
350   RETURN
359   -
400  REM   HISTOGRAMM
401   HGR :  HCOLOR= 7
402  UX = 0:VX = Y0:UY = 0:VY = 76: GOSUB 800
403   PRINT T$
404   PRINT N$(0);":";FX$;U$(0)
405   FOR I = 1 TO I0: IF W(1,I) = 0 THEN 408
406   FOR J = 1 TO W(1,I):X = I:Y = J: GOSUB 820
407   NEXT J
408   NEXT I: RETURN
419   -
```

```
800  REM   KOORDINATENSYSTEM
801  PX = 4:QX = 277:PY = 155:QY = 2
802  CX = (QX - PX) / (VX - UX):ZX = PX - UX * CX
803  CY = (QY - PY) / (VY - UY):ZY = PY - UY * CY
804   HPLOT PX,ZY TO QX,ZY: HPLOT ZX,PY TO ZX,QY
805  Y =  - UX: IF VX > Y THEN Y = VX
806   GOSUB 940
807   FOR I =  -  INT ( - UX / F) TO VX / F:J = I * F * CX + ZX
808   NEXT I: FOR I =  -  INT ( - 2 * UX / F) TO 2 * VX / F:J = I
      F * CX / 2 + ZX
809   IF 2 *  INT (I / 2) = I THEN   HPLOT J,ZY TO J,ZY + 4
810   IF (VX - UX) / F < 4 THEN   HPLOT J,ZY TO J,ZY + 2
811   NEXT I:FX$ = F$:Y =  - UY: IF VY > Y THEN Y = VY
812   GOSUB 940
813   FOR I =  -  INT ( - UY / F) TO VY / F:J = I * F * CY + ZY
814   NEXT I: FOR I =  -  INT ( - 2 * UY / F) TO 2 * VY / F:J = I
      F * CY / 2 + ZY
816   IF 2 *  INT (I / 2) = I THEN   HPLOT ZX,J TO ZX - 4,J
817   IF (VY - UY) / F < 4 THEN   HPLOT ZX,J TO ZX - 2,J
818   NEXT I: RETURN
819   -
820   REM   MESSPUNKT
821  X = X * CX + ZX:Y = Y * CY + ZY
822   HPLOT X,Y TO X - 1,Y: RETURN
839   -
900   REM   TITEL
901   HOME : FOR I = 1 TO  LEN (A$) + 4: PRINT "*";: NEXT I
902   PRINT : PRINT "* ";A$;" *"
903   FOR I = 1 TO  LEN (A$) + 4: PRINT "*";: NEXT I
904   PRINT : PRINT : RETURN
919   -
920   REM   MENU
921   PRINT "             ? ";
922   GET A$: IF A$ < "0" OR A$ > "9" THEN 922
923  A =  VAL (A$): IF A > N THEN 922
924   PRINT A$: PRINT : RETURN
939   -
940   REM   FAKTOR
941  F = 1:E = 0:F$ = "1": IF Y <  = 0 THEN   RETURN
942   IF Y < 1 THEN F = .1:E =  - 1
943   IF Y >  = F THEN 945
944  F = F / 10:E = E - 1:F$ = "0" + F$: GOTO 943
945   IF Y < 10 * F THEN 947
946  F = F * 10:E = E + 1:F$ = F$ + "0": GOTO 945
947   IF Y < 1 THEN F$ = "." + F$
948   RETURN
```

```
1   HOME : REM   BRANDENBURG 85K
2   PRINT "*******************"
3   PRINT "* ZERFALLSMESSUNG *"
4   PRINT "*******************"
5   PRINT  CHR$ (4);"BLOAD MEHRZAEHL"
6  I7 = 64:J7 = 3: DIM W(J7,I7),N$(J7),U$(J7)
7   GOSUB 100
8   PRINT "(1) MESSREIHE AUSWERTEN"
9   PRINT "(2) MESSUNG WIEDERHOLEN"
10  PRINT "(0) PROGRAMM BEENDEN   ? ";
11  GET A$: IF A$ < "0" OR A$ > "2" THEN 11
12  PRINT A$: PRINT :A =  VAL (A$)
13  IF A = 0 THEN  END
14  ON A GOTO 15,7
15 F =  - 1
16  PRINT  CHR$ (4);"BLOAD CHAIN,A520"
17  CALL 520"AUSWERTZ"
18  END
19  -
100  REM  MESSUNG
101  INPUT "TITEL:";T$
102  INPUT "UNTERTITEL:";T1$
106  PRINT "ZAEHLIMPULSE AN DE1!"
107  PRINT : INPUT "WIEVIELE ZAEHLUNGEN (MAX.64) ? ";I0
108  PRINT : INPUT "EINE ZAEHLZEIT (0.05...10 S):";T
109  PRINT : PRINT "MESSUNG LAEUFT!"
110  POKE 250, INT (T * 20 + 0.5): POKE 251,I0
111  CALL 768:A = 16384:B = 16640
112  Z = 0: FOR I = 0 TO I0 - 1
113 W = 65535 - 256 *  PEEK (A + I) -  PEEK (B + I)
114 W(1,I) = W - Z: IF W(1,I) < 0 THEN W(1,I) = W(1,I) + 65536
115 W(0,I) = (I + 0.5) * T: PRINT W(0,I),W(1,I):Z = W: NEXT I
116  PRINT "WEITER MIT DER LEERTASTE"
117  GET A$: IF A$ <  > " " THEN 117
118  PRINT :N$(0) = "T":N$(1) = "R":U$(0) = "S":U$(1) = "-": RETURN

119  - - -
```

```
1   HOME : REM   BRANDENBURG 85K
2   HOME
3   DIM Z$(10,7): GOSUB 60
4   PRINT "***********************"
5   PRINT "*                     *"
6   PRINT "*  DIGITAL-MULTIMETER *"
7   PRINT "*                     *"
8   PRINT "***********************"
10  GOSUB 400
11  END
19  -
60  REM   ZIFFERN
61  FOR I = 1 TO 7: FOR J = 0 TO 9: READ X$
62  Z$(J,I) = "  " + X$: NEXT J
63  Z$(10,I) = "      ": NEXT I: RETURN
64  DATA " *** "," *  "," *** "," *** ","    * "
65  DATA "*****","  ***","*****"," *** "," *** "
66  DATA "*   *","  **","    *","    *","   ** "
67  DATA "*   *","   *","    *","    *","  * * "
68  DATA "*   *","*  *","   * ","   * "," *  * "
69  DATA "*   *","   *","  *  ","  *  "," *  * "
70  DATA "*   *","   *"," *   "," **  "," *  * "
71  DATA "**** ","**** ","*    ","   * "," *** "," **** "
72  DATA "*   *","  *  ","*    ","    *"," *   *","*****"
73  DATA "    *","  *  ","*    ","    *"," *   *","    *"
74  DATA " *  *","  *  "," *   ","   * "," *   *","   * "
75  DATA " *  *","  *  ","  *  ","  *  "," *   *","  *  "
76  DATA " *** ","*****","*****"," *** ","    * "
77  DATA " *** "," *** ","*    "," *** "," *** "
79  -
400 REM   MESSUNG
402 PRINT "SPANNUNG AN AE (0...2.55 VOLT)"
403 PRINT "PADDLE-WIDERSTAENDE 0...125 KOHM"
404 FOR I = 1 TO 999: NEXT I: HOME
405 A = 49344: POKE A + 3,255: POKE A + 2,184
406 U = 0:F = 128
407 FOR I = 1 TO 8: POKE A + 1,U + F
408 H = INT ( PEEK (A) / 4) / 2
409 IF H = INT (H) THEN U = U + F
410 F = F / 2: NEXT I: POKE 37,0
411 Y = U:N = 3:M = 1000:S = 1: GOSUB 600
412 PRINT "    * 0.01 VOLT"
413 M = 1000:S = 3:Y = PDL (1) / 2: GOSUB 600
414 PRINT "    KILOOHM"
415 M = 1000:Y = PDL (2) / 2: GOSUB 600
416 PRINT "    KILOOHM";
417 IF PEEK ( - 16384) < 128 THEN 406
418 GET A$: RETURN
419 -
```

```
600  REM   GROSSANZEIGE
601  Z = Y:L = 0:Q = 0: IF Z < M THEN Q = 1
602  FOR I = 1 TO N:M = M / 10:H =  INT (Z / M):L = L + H
603  Z = Z - M * H
604  IF (L = 0 AND S > 0) OR Q = 0 THEN H = 10
605  IF I = S THEN L = 1
606  K(I) = H: NEXT I
607  PRINT
608  FOR L = 1 TO 7
609  FOR I = 1 TO N: PRINT Z$(K(I),L);: NEXT I
610  IF L < 7 THEN  PRINT
611  NEXT L: RETURN
619  -
620  REM   VORKOMMASTELLEN
621  S = 0:M = 1
622  IF Y < M THEN  RETURN
623  S = S + 1:M = M * 10: GOTO 622
639  -
800  REM   MENU
801  IF  PEEK ( - 16384) < 128 THEN 801
802  GET A$: IF A$ < "0" OR A$ > "9" THEN 801
803  A =  VAL (A$): IF A > N THEN 801
804  PRINT A: PRINT : RETURN
```

```
1    HOME : REM   BRANDENBURG 85K
4    PRINT "**********************"
5    PRINT "*                    *"
6    PRINT "* ANALOG-MULTIMETER  *"
7    PRINT "*                    *"
8    PRINT "**********************"
10   FOR I = 1 TO 16: PRINT : NEXT I
14   GOSUB 400
15   END
19   -
400  REM   MESSUNG
401  PRINT "OBEN:    SPANNUNG AN AE (0...2.55 VOLT)"
402  PRINT "MITTE: WIDERSTAND 1 (0...125 KOHM)"
403  PRINT "UNTEN: WIDERSTAND 2 (0...125 KOHM)"
404  FOR I = 1 TO 999: NEXT I: HGR : GOSUB 500
405  A = 49344: POKE A + 3,255: POKE A + 2,184
406  U = 0:F = 128
407  FOR I = 1 TO 8: POKE A + 1,U + F
408  H =   INT ( PEEK (A) / 4) / 2
409  IF  H =   INT (H) THEN U = U + F
410  F = F / 2: NEXT I
411  X = U:Y = 20:XA = X1: GOSUB 600:X1 = X
412  X =   PDL (1):Y = 80:XA = X2: GOSUB 600:X2 = X
413  X =   PDL (2):Y = 140:XA = X3: GOSUB 600:X3 = X
417  IF   PEEK ( - 16384) < 128 THEN 406
418  GET A$: TEXT : RETURN
419  -
500  REM   SKALEN
501  HCOLOR= 7
502  FOR I = 0 TO 2:Y = 18 + I * 60
503  HPLOT 0,Y TO 255,Y
504  FOR J = 0 TO 5: HPLOT J * 50,Y TO J * 50,Y - 4: NEXT J
505  NEXT I: RETURN
600  REM   ZEIGER
602  IF XA = X THEN   RETURN
610  HPLOT X,Y TO X,Y + 8: HCOLOR= 0
611  HPLOT XA,Y TO XA,Y + 8: HCOLOR= 7
612  RETURN
```

```
1   HOME : REM   BRANDENBURG 85K
2   PRINT "*******************"
3   PRINT "* SPANNUNGSTEILER *"
4   PRINT "*******************"
5   PRINT   CHR$ (4);"BLOAD EINSPANN"
6   I7 = 50:J7 = 4:J0 = 0
7   DIM W(J7,I7),N$(2),U$(2),P(J7)
8   GOSUB 40
9   GOSUB 100
10  A$ = T$: GOSUB 900
11   PRINT "(1) NEUE MESSREIHE AUFNEHMEN"
12   PRINT "(2) GRAPHISCHE DARSTELLUNG"
13   PRINT "(0) PROGRAMM-ENDE";:N = 2: GOSUB 920
16   IF A = 0 THEN  END
17   ON A GOSUB 100,400
18   GOTO 10
19   -
40   REM   KONSTANTEN
41  T$ = "SPANNUNGSTEILER":A$ = T$: GOSUB 900
42   INPUT "SCHIEBEWIDERSTAND IN OHM:";R0
44   INPUT "LAENGE IN CM:";L
45  J0 = 0:N$(0) = "X":N$(1) = "U":U$(0) = "CM":U$(1) = "V"
46   INPUT "WIEVIELE MESSUNGEN JE MESSREIHE?";I0
47   RETURN
59   -
100   REM   MESSUNGEN
101  J0 = J0 + 1
102   INPUT "LASTWIDERSTAND IN OHM:";P(J0)
108   FOR I = 1 TO I0:X = L * (I - 1) / (I0 - 1)
109   PRINT "SCHIEBER AUF ";X;" CM EINSTELLEN!"
112   PRINT "FERTIG (1=JA, 0=NEIN)";:N = 1: GOSUB 920
113   IF A = 0 THEN 112
114   POKE 250,0: POKE 251,250
115   CALL 768:Y =  PEEK (252) / 100
116  W(J0,I) = Y:W(0,I) = X: NEXT I
117   RETURN
119   -
400   REM   GRAPH
401  UX = 0:VX = L:UY = 0:VY = 2.55
402   HGR : HCOLOR= 7: GOSUB 800
403   PRINT : PRINT T$
404   PRINT "X-ACHSE: ";N$(0);":";U$(0)
405   PRINT "Y-ACHSE: ";N$(1);":";FY$;U$(1)
406   FOR J = 1 TO J0: FOR I = 1 TO I0
407  X = W(0,I):Y = W(J,I)
408  K = J: GOSUB 820
409   NEXT I
410   GOSUB 560
411   NEXT J
412   GET B$: IF B$ = "" THEN 412
413   TEXT : GOSUB 480
414   RETURN
419   -
```

```
480  REM   ERGEBNISSE
481  A$ = "ERGEBNISSE:" + T$: GOSUB 900
482  PRINT "LAST:OHM","FEHLER:VOLT": PRINT
483  FOR J = 1 TO J0:Y = R(J): GOSUB 700
484  PRINT P(J),Y: NEXT J
486  GOSUB 980
487  RETURN
499  -
560  REM   KURVE
562  K7 = 144
563  FOR I = 0 TO K7:X = UX + I * (VX - UX) / K7
564  GOSUB 580
568  HPLOT X * CX + ZX,Y * CY + ZY: NEXT I
570  S = 0:I2 = 0: FOR I = 1 TO I0:X = W(0,I)
571  Y1 = W(J,I): GOSUB 580
572  I2 = I2 + 1:S = S + (Y - Y1) * (Y - Y1)
573  NEXT I
576  R(J) =  SQR (S / I2): RETURN
579  -
580  REM   THEORIE
581  R1 = X * R0 / L:U0 = 2.5
582  Y = R1 * P(J) / (R1 * P(J) + (R0 - R1) * (R1 + P(J))) * U0
583  RETURN
599  -
700  REM   RUNDEN
701  IF Y = 0 THEN  RETURN
702  X =  SGN (Y):Y =  ABS (Y): GOSUB 940
703  Y = X *  INT (1000 * Y / F + 0.5) * F / 1000: RETURN
719  -
800  REM   KOORDINATENSYSTEM
801  PX = 4:QX = 277:PY = 155:QY = 2
802  CX = (QX - PX) / (VX - UX):ZX = PX - UX * CX
803  CY = (QY - PY) / (VY - UY):ZY = PY - UY * CY
804  HPLOT PX,ZY TO QX,ZY: HPLOT ZX,PY TO ZX,QY
805  Y =  - UX: IF VX > Y THEN Y = VX
806  GOSUB 940
807  FOR I =  -  INT ( - UX / F) TO VX / F:J = I * F * CX + ZX
808  NEXT I: FOR I =  -  INT ( - 2 * UX / F) TO 2 * VX / F:J = I *
     F * CX / 2 + ZX
809  IF 2 *  INT (I / 2) = I THEN  HPLOT J,ZY TO J,ZY + 4
810  IF (VX - UX) / F < 4 THEN  HPLOT J,ZY TO J,ZY + 2
811  NEXT I:FX$ = F$:Y =  - UY: IF VY > Y THEN Y = VY
812  GOSUB 940
813  FOR I =  -  INT ( - UY / F) TO VY / F:J = I * F * CY + ZY
814  NEXT I: FOR I =  -  INT ( - 2 * UY / F) TO 2 * VY / F:J = I *
     F * CY / 2 + ZY
816  IF 2 *  INT (I / 2) = I THEN  HPLOT ZX,J TO ZX - 4,J
817  IF (VY - UY) / F < 4 THEN  HPLOT ZX,J TO ZX - 2,J
818  NEXT I: RETURN
819  -
```

```
820  REM  MESSPUNKT
821  X = X * CX + ZX:Y = Y * CY + ZY
822  HPLOT X + 2,Y + 2 TO X - 2,Y - 2: HPLOT X - 2,Y + 2 TO X
     ,Y - 2: RETURN
839  -
900  REM  TITEL
901  HOME : FOR I = 1 TO  LEN (A$) + 4: PRINT "*";: NEXT I
902  PRINT : PRINT "* ";A$;" *"
903  FOR I = 1 TO  LEN (A$) + 4: PRINT "*";: NEXT I
904  PRINT : PRINT : RETURN
919  -
920  REM  MENU
921  PRINT "      ? ";:
922  GET A$: IF A$ < "0" OR A$ > "9" THEN 922
923  A =  VAL (A$): IF A > N THEN 922
924  PRINT A$: PRINT : RETURN
940  REM  FAKTOR
941  F = 1:E = 0:F$ = "1": IF Y <  = 0 THEN  RETURN
942  IF Y < 1 THEN F = .1:E =  - 1
943  IF Y >  = F THEN 945
944  F = F / 10:E = E - 1:F$ = "0" + F$: GOTO 943
945  IF Y < 10 * F THEN 947
946  F = F * 10:E = E + 1:F$ = F$ + "0": GOTO 945
947  IF Y < 1 THEN F$ = "." + F$
948  RETURN
959  -
980  REM  WEITER
981  PRINT " WEITER MIT LEERTASTE ";
982  GET A$: IF A$ < > " " THEN 982
983  RETURN
```

```
1   HOME : REM   BRANDENBURG 1985
2   PRINT "***********************"
3   PRINT "* KENNLINIENAUFNAHME *"
4   PRINT "***********************"
5   PRINT  CHR$ (4);"BLOAD EINSPANN"
6   INPUT "BAUELEMENT:";T1$
7   INPUT "VORWIDERSTAND IN KILOOHM:";R0
8   GOSUB 100
10  IF  PEEK ( - 16384) < 128 THEN 10
11  GET A$: TEXT : END
100 REM   MESSUNGEN
103 VX = 2.55:UX =  - VX:VY = VX / R0:UY =  - VY
105 HGR : HCOLOR= 7: GOSUB 800
106 I0 = 127: POKE 250,0: CALL 768
107 FOR I = 1 TO 20: PRINT : NEXT I
108 PRINT "KENNLINIE: ";T1$
109 PRINT "AUF X-ACHSE: U:";FX$;"V"
110 PRINT "AUF Y-ACHSE: I:";FY$;"MA"
111 S = 1: GOSUB 120
112 PRINT "UMPOLEN, DANN LEERTASTE!";
113 IF  PEEK ( - 16384) < 128 THEN 113
114 FOR I = 1 TO 24: PRINT  CHR$ (8);: NEXT I
115 PRINT "                        ";
116 GET A$:S =  - 1: GOSUB 120
117 RETURN
120 REM   HAELFTE
121 FOR I = 1 TO I0:Z = 2 * I: POKE 251,Z: CALL 768
122 CALL 768:X = S *  PEEK (252) / 100:Y = (S * Z / 100 - X) /
    0
124 X = X * CX + ZX:Y = Y * CY + ZY: HPLOT X,Y: NEXT I
125 RETURN
800 REM   KOORDINATENSYSTEM
801 PX = 4:QX = 279:PY = 155:QY = 0
802 CX = (QX - PX) / (VX - UX):ZX = PX - UX * CX
803 CY = (QY - PY) / (VY - UY):ZY = PY - UY * CY
804 HPLOT PX,ZY TO QX,ZY: HPLOT ZX,PY TO ZX,QY
805 Y =  - UX: IF VX > Y THEN Y = VX
806 GOSUB 940:FX$ = F$
807 FOR I =  -  INT ( - UX / F) TO VX / F:J = I * F * CX + ZX
808 HPLOT J,ZY TO J,ZY + 3: NEXT I
810 Y =  - UY: IF VY > Y THEN Y = VY
811 GOSUB 940:FY$ = F$
812 FOR I =  -  INT ( - UY / F) TO VY / F:J = I * F * CY + ZY
813 HPLOT ZX,J TO ZX - 3,J: NEXT I
816 RETURN
940 REM   FAKTOR
941 F = 1:E = 0:F$ = "1": IF Y <  = 0 THEN  RETURN
942 IF Y < 1 THEN F = .1:E =  - 1
943 IF Y >  = F THEN 945
944 F = F / 10:E = E - 1:F$ = "0" + F$: GOTO 943
945 IF Y < 10 * F THEN 947
946 F = F * 10:E = E + 1:F$ = F$ + "0": GOTO 945
947 IF Y < 1 THEN F$ = "." + F$
948 RETURN
```

```
1   HOME : REM   BRANDENBURG 85K
2   PRINT "*******************************"
3   PRINT "* FREQUENZGANG MIT AUSWERTUNG *"
4   PRINT "*******************************"
5   PRINT  CHR$ (4);"BLOAD EINSPANN": PRINT  CHR$ (4);"BLOAD EINZA
    EHL"
6   I7 = 64:J7 = 3: DIM W(J7,I7),N$(J7),U$(J7)
7   INPUT "TITEL DER MESSREIHE:";T$
8   INPUT "UNTERTITEL:";T1$
9   PRINT : PRINT "AA AN WOBBEL-EINGANG DES GENERATORS,"
10  PRINT "GENERATOR-AUSGANG AN DE1,"
11  PRINT "AUSGANG DER SCHALTUNG AN AE."
12  N$(0) = "F":U$(0) = "HZ":N$(1) = "U":U$(1) = "V"
14  J0 = 1: GOSUB 100
15  F = - 1
16  PRINT  CHR$ (4);"BLOAD CHAIN,A520"
17  CALL 520"AUSWERT"
18  END
19  -
100 REM   MESSUNG
101 GOSUB 120
102 PRINT : PRINT N$(0);":";U$(0),N$(1);":";U$(1): PRINT
103 FOR I = 1 TO I0:X = 255 * (I - 1) / (I0 - 1)
104 POKE A + 1,X: POKE 251,X: GOSUB 140
105 W(0,I) = X: POKE 250,32: CALL 768
106 W(1,I) =  PEEK (252) / 100
107 PRINT W(0,I),W(1,I): NEXT I
111 PRINT : PRINT "(1) MESSREIHE AUSWERTEN"
112 PRINT "(0) MESSUNG WIEDERHOLEN ? ";
113 GET A$: IF A$ < "0" OR A$ > "1" THEN 113
114 PRINT A$: PRINT : IF A$ = "0" THEN 100
115 RETURN
119 -
120 REM   FREQUENZBEREICH
121 A = 49344: POKE A + 3,255: POKE A + 2,184
122 POKE A,40: POKE A + 1,0
123 PRINT : PRINT "FREQUENZBEREICH:"
124 GOSUB 140: POKE A + 1,255:UX = X
125 PRINT "    VON ";X;" HZ": GOSUB 140
126 VX = X: PRINT "    BIS ";X;" HZ": PRINT
127 PRINT "(1) BEREICH AENDERN"
128 PRINT "(0) MESSUNG BEGINNEN ? ";
129 GET A$: IF A$ < "0" OR A$ > "1" THEN 129
130 PRINT A$: PRINT : IF  VAL (A$) = 1 THEN 122
132 INPUT "WIEVIELE FREQUENZEN ? ";I0
133 J0 = 1: RETURN
139 -
140 REM   FREQUENZMESSUNG
141 FOR K = 1 TO 200: NEXT K
142 POKE 250,20: CALL 872
143 X = 65535 - 256 *  PEEK (251) -  PEEK (252)
144 IF  PEEK (255) > 0 THEN X = X + 65536
145 RETURN
159 - - -
```

```
1   HOME : REM   BRANDENBURG 86N
2   PRINT "***************"
3   PRINT "* OSZILLOGRAF *"
4   PRINT "***************"
5   PRINT  CHR$ (4);"BLOAD MEHRSPANN": PRINT  CHR$ (4);"BLOAD KREU
     Z"
6   J7 = 3: DIM N$(J7),U$(J7)
7   N$(0) = "T":U$(0) = "S"
10   GOSUB 100
18   END
19   -
100  REM  MESSUNG
102   GOSUB 120
103   HGR : HCOLOR= 7
104  X0 = 260:Y0 = 0:Y1 = 127: GOSUB 200
105   IF J0 = 2 THEN X0 = 270:Y0 = 28:Y1 = 155: GOSUB 200
106   POKE 253,0: POKE 255,DT: CALL 768
107   GOSUB 320
108   GOSUB 360
109   GET A$: IF A$ = "" THEN 109
110   TEXT : PRINT : PRINT "(1) MESSUNG WIEDERHOLEN"
111   PRINT "(2) MESSUNG MIT ANDEREM MODUS"
112   PRINT "(3) FADENNKREUZ EINBLENDEN"
113   PRINT "(0) PROGRAMM BEENDEN";:A7 = 3: GOSUB 920
114   IF A0 = 3 THEN   GOSUB 300
115   ON A0 GOTO 103,102,110
116   RETURN
119   -
120   REM  MESSGROESSEN
121   PRINT : PRINT "WAHL DER MESSGROESSEN:"
122   PRINT "(1) SPANNUNG AN AE"
123   PRINT "(2) PADDLE-WIDERSTAND 0"
124   PRINT "(3) SPANNUNG UND WIDERSTAND"
125  A7 = 3
126   PRINT "(0) NUR SPANNUNG AUSGEBEN";: GOSUB 920
127  M = A0:A = 16384
128   ON M + 1 GOSUB 140,140,160,160
129   ON M GOSUB 220,240,260
131   PRINT "MESSZEIT IN SEC (";T0;" .. ";T0 * 250;
132   INPUT "):";T
133   IF T < T0 OR T > T0 * 250 THEN 131
134 DT =  INT (T / T0 + 0.5): RETURN
139   -
140   REM  OHNE PADDLE
141   POKE 812,6: POKE 817,62
142   POKE 839,6: POKE 901,255
143 T0 = .4: RETURN
159   -
160   REM  MIT PADDLE
161   POKE 812,15: POKE 817,155
162   POKE 839,15: POKE 901,0
163 T0 = 1: RETURN
179   -
```

Ü

```
200 REM  SKALEN
201 HPLOT X0,Y0 TO X0,Y1
202 FOR I = 0 TO 5:Y = Y1 - I * 25
203 HPLOT X0,Y TO X0 + 4,Y: NEXT I: RETURN
219 -
220 REM  SPANNUNG
221 J0 = 1:A1 = A + 256:F1 = 100
222 N$(1) = "U":U$(1) = "V"
223 RETURN
239 -
240 REM  WIDERSTAND
241 J0 = 1:A1 = A + 512:F1 = 2
242 N$(1) = "R":U$(1) = "KOHM"
243 RETURN
259 -
260 REM  SPANNUNG UND WIDERSTAND
261 J0 = 2:A1 = A + 256:A2 = A + 512
262 F1 = 100:F2 = 2
263 N$(1) = "U":U$(1) = "V"
264 N$(2) = "R":U$(2) = "KOHM"
265 RETURN
279 -
280 REM  ZWEI WIDERSTAENDE
281 J0 = 2:A2 = A1:A1 = A
282 F2 = F1:F1 = 2: IF A0 = 1 THEN F1 = 100
283 RETURN
299 -
300 REM  FADENKREUZ
301 HGR : GOSUB 320: GOSUB 360
302 PRINT "BEWEGEN MIT W,A,S,Z,"
303 PRINT "ZURUECK ZUM MENUE MIT 'RETURN'"
304 X = 126: POKE 250,18: POKE 251,1:Y = 75: POKE 252,Y
305 AK = 18432: CALL AK: GOSUB 380
306  GET A$: IF   ASC (A$) = 65 THEN 312
307  IF   ASC (A$) = 83 THEN 315
308  IF   ASC (A$) = 87 THEN 318
309  IF   ASC (A$) = 90 THEN    CALL AK:Y = Y + 1: POKE 252,Y: GOTO
    305
310  IF   ASC (A$) = 13 THEN   TEXT : HOME : RETURN
311  GOTO 306
312  IF X = 0 THEN 306
313  CALL AK:M =   PEEK (251) / 2: IF M < 1 THEN   POKE 250, PEEK (
    250) - 1:M = 64
314 X = X - 1: POKE 251,M: GOTO 305
315  IF X = 255 THEN 306
316  CALL AK:M =   PEEK (251) * 2: IF M = 128 THEN   POKE 250, PEEK
    (250) + 1:M = 1
317 X = X + 1: POKE 251,M: GOTO 305
318  IF Y = 0 THEN 306
319  CALL AK:Y = Y - 1: POKE 252,Y: GOTO 305
320 REM  WERTE
321  FOR I = 0 TO 255
322  HPLOT I,(255 -   PEEK (A1 + I)) / 2
323  IF J0 = 2 THEN   HPLOT I,Y0 + (255 -   PEEK (A2 + I)) / 2
324  NEXT I: RETURN
339 -
```

Ü

```
360  REM   T-ACHSE
361  HPLOT 0,Y1 + 1 TO 255,Y1 + 1
362  F = 1: PRINT
363  IF T > F THEN F = 10 * F: GOTO 363
364  F = F / 10: FOR I = 0 TO   INT (T / F)
365  X = I * 255 * F / T: HPLOT X,Y1 + 1 TO X,Y1 + 4: NEXT I
366  PRINT N$(1);"-ACHSE: 1 SKT = ";50 / F1;" ";U$(1)
367  IF J0 = 2 THEN  PRINT N$(2);"-ACHSE: 1 SKT = ";50 / F2;" ";
     $(2)
368  PRINT N$(0);"-ACHSE: 1 SKT = ";F;" S"
370  RETURN
379  -
380  REM   X UND Y
381  POKE 36,0:F = DT / 637.5: IF M > 1 THEN F = F * 2.5
382  PRINT "T = ";X * F;" S  , Y = ";
383  PRINT (127 - Y) / 50;" V      ";
384  RETURN
399  -
920  REM   MENU
921  PRINT "       ? ";
922  GET A$: IF A$ < "0" OR A$ > "9" THEN 922
923  A0 =   VAL (A$): IF A0 > A7 THEN 922
924  PRINT A$: PRINT : RETURN
990  GET A$: PRINT   ASC (A$)
```

Ü

```
1   HOME : REM   BRANDENBURG 85V
2   PRINT "*************"
3   PRINT "* BLACK BOX *"
4   PRINT "*************"
5   PRINT  CHR$ (4);"BLOAD MEHRSPANN"
6   I7 = 64:J7 = 3: DIM W(J7,I7),N$(J7),U$(J7)
7   N$(0) = "T":U$(0) = "S"
10  GOSUB 100
18  END
19   -
100 REM   MESSUNG
102 GOSUB 120
103 HGR : HCOLOR= 7
104 X0 = 260:Y0 = 0:Y1 = 127: GOSUB 200
105 IF J0 = 2 THEN X0 = 270:Y0 = 28:Y1 = 155: GOSUB 200
106 POKE 253,0: POKE 255,DT: CALL 768
107 GOSUB 320
108 GOSUB 360
109 GET A$: IF A$ = "" THEN 109
110 TEXT : PRINT : PRINT "(1) MESSUNG WIEDERHOLEN"
111 PRINT "(2) MESSUNG MIT ANDEREM MODUS"
112 PRINT "(3) MESSWERTE AUSWERTEN"
113 PRINT "(0) PROGRAMM BEENDEN";:A7 = 3: GOSUB 920
114 ON A0 GOTO 103,102,116
116 RETURN
119  -
120 REM   MESSGROESSEN
121 PRINT : PRINT "WAHL DER MESSGROESSEN:"
122 PRINT "(1) SPANNUNG AN AE"
123 PRINT "(2) PADDLE-WIDERSTAND 0"
124 PRINT "(3) SPANNUNG UND WIDERSTAND"
125 A7 = 3
126 PRINT "(0) NUR SPANNUNG AUSGEBEN";: GOSUB 920
127 M = A0:A = 16384
128 ON M + 1 GOSUB 140,140,160,160
129 ON M GOSUB 220,240,260
130 IF M < 2 THEN  GOSUB 400
131 PRINT "MESSZEIT IN SEC (";T0;" .. ";T0 * 250;
132 INPUT ")";T
133 IF T < T0 OR T > T0 * 250 THEN 131
134 DT =  INT (T / T0 + 0.5): RETURN
139  -
140 REM   OHNE PADDLE
141 POKE 812,6: POKE 817,62
142 POKE 839,6: POKE 901,255
143 T0 = .4: RETURN
159  -
160 REM   MIT PADDLE
161 POKE 812,15: POKE 817,155
162 POKE 839,15: POKE 901,0
163 T0 = 1: RETURN
179  -
```

Ü

```
200  REM  SKALEN
201  HPLOT X0,Y0 TO X0,Y1
202  FOR I = 0 TO 5:Y = Y1 - I * 25
203  HPLOT X0,Y TO X0 + 4,Y: NEXT I: RETURN
219  -
220  REM  SPANNUNG
221  J0 = 1:A1 = A + 256:F1 = 100
222  N$(1) = "U":U$(1) = "V"
223  RETURN
239  -
240  REM  WIDERSTAND
241  J0 = 1:A1 = A + 512:F1 = 2
242  N$(1) = "R":U$(1) = "KOHM"
243  RETURN
259  -
260  REM  SPANNUNG UND WIDERSTAND
261  J0 = 2:A1 = A + 256:A2 = A + 512
262  F1 = 100:F2 = 2
263  N$(1) = "U":U$(1) = "V"
264  N$(2) = "R":U$(2) = "KOHM"
265  RETURN
279  -
280  REM  ZWEI WIDERSTAENDE
281  J0 = 2:A2 = A1:A1 = A
282  F2 = F1:F1 = 2: IF A0 = 1 THEN F1 = 100
283  RETURN
299  -
320  REM  WERTE
321  FOR I = 0 TO 255
322  HPLOT I,(255 - PEEK (A1 + I)) / 2
323  IF J0 = 2 THEN  HPLOT I,Y0 + (255 - PEEK (A2 + I)) / 2
324  NEXT I: RETURN
339  -
360  REM  T-ACHSE
361  HPLOT 0,Y1 + 1 TO 255,Y1 + 1
362  F = 1: PRINT
363  IF T > F THEN F = 10 * F: GOTO 363
364  F = F / 10: FOR I = 0 TO  INT (T / F)
365  X = I * 255 * F / T: HPLOT X,Y1 + 1 TO X,Y1 + 4: NEXT I
366  PRINT N$(1);"-ACHSE: 1 SKT = ";50 / F1;" ";U$(1)
367  IF J0 = 2 THEN  PRINT N$(2);"-ACHSE: 1 SKT = ";50 / F2;" ";U
     $(2)
368  PRINT N$(0);"-ACHSE: 1 SKT = ";F;" S"
370  RETURN
```

```
400  REM   FUNKTION
401  PRINT "(1) FUNKTION AN AA AUSGEBEN"
402  PRINT "(2) PADDLE-STELLUNG AUSGEBEN"
403  PRINT "(0) NICHTS AN AA AUSGEBEN";:A7 = 2: GOSUB 920
404  IF A0 = 0 THEN  RETURN
405  POKE 917,149
406  IF A0 = 2 THEN  POKE 917,153: GOSUB 160: RETURN
407  PRINT "(1) SINUS"
408  PRINT "(2) IMPULS"
409  PRINT "(3) RAMPE"
410  PRINT "(4) POSITIVER SPRUNG"
411  PRINT "(5) NEGATIVER SPRUNG":A7 = 5
412  PRINT "(0) KEINE FUNKTION";: GOSUB 920
413  IF A0 = 0 THEN  RETURN
414  IF A0 = 1 THEN  INPUT "WIEVIELE PERIODEN:";N
415 ZP = 8 *  ATN (1)
416  FOR I = 0 TO 255: GOSUB 420
417  POKE A + I,Y: NEXT I
418 V = 49344: POKE V,8: POKE V + 1, PEEK (A): RETURN
419  -
420  REM   FUNKTIONSWERT
421  ON A0 GOTO 422,423,425,426,428
422 Y = 127 *  SIN (N * ZP * I / 255) + 127: RETURN
423 Y = 0: IF I > 0 AND I < 64 THEN Y = 255
424  RETURN
425 Y = I: RETURN
426 Y = 255: IF I = 0 THEN Y = 0
427  RETURN
428 Y = 0: IF I = 0 THEN Y = 255
429  RETURN
439  -
920  REM   MENU
921  PRINT "      ? ";
922  GET A$: IF A$ < "0" OR A$ > "9" THEN 922
923 A0 =  VAL (A$): IF A0 > A7 THEN 922
924  PRINT A$: PRINT : RETURN
```

```
1   HOME : REM   BRANDENBURG 85K
2   PRINT "*****************"
3   PRINT "* XY-SCHREIBER *"
4   PRINT "*****************"
5   PRINT  CHR$ (4);"BLOAD EINSPANN"
6   PRINT : PRINT "X-MESSGROESSE:"
7   PRINT "     PADDLE-WIDERSTAND 1"
8   PRINT : PRINT "WAHL DER Y-MESSGROESSE:"
10  PRINT "(1) SPANNUNG AN AE"
11  PRINT "(0) PADDLE-WIDERSTAND 2";:N = 1: GOSUB 920
12  M = A
14  GOSUB 100
15  PRINT "(1) MESSUNG WIEDERHOLEN"
16  PRINT "(0) PROGRAMM-ENDE";:N = 1: GOSUB 920
17  IF A = 1 THEN 14
18  END
19  -
100 REM   MESSUNG
101 HGR : HCOLOR= 7
102 HPLOT 0,154 TO 255,154
103 HPLOT 256,0 TO 256,153
104 FOR I = 0 TO 5:X = 50 * I:Y = 30 * I
105 HPLOT X,154 TO X,158
106 HPLOT 256,Y TO 260,Y: NEXT I
107 IF M = 1 THEN 112
108 HPLOT  PDL (1),153 - 0.6 *  PDL (2)
109 IF  PEEK ( - 16384) < 128 THEN 108
110 GOTO 116
112 CALL 768: HPLOT  PDL (1),153 - 0.6 *  PEEK (252)
113 IF  PEEK ( - 16384) < 128 THEN 112
116 GET A$: TEXT : RETURN
119 -
920 REM   MENU
921 PRINT "    ? ";
922 GET A$: IF A$ < "0" OR A$ > "9" THEN 922
923 A =  VAL (A$): IF A > N THEN 922
924 PRINT A$: PRINT : RETURN
```

```
1   HOME : REM   BRANDENBURG 85K
2   PRINT "*********************************"
3   PRINT "* ANALOGMESSUNG MIT AUSWERTUNG *"
4   PRINT "*********************************"
5   PRINT  CHR$ (4);"BLOAD EINSPANN"
6  I7 = 64:J7 = 3: DIM W(J7,I7),N$(J7),U$(J7),E(J7,I7)
7   PRINT : INPUT "TITEL DER MESSREIHE:";T$
8   INPUT "UNTERTITEL:";T1$: PRINT
10  I0 = 0: GOSUB 100
12   PRINT "(1) MESSREIHE AUSWERTEN"
13   PRINT "(2) MESSUNGEN WIEDERHOLEN"
14   PRINT "(0) PROGRAMM BEENDEN";:A7 = 2: GOSUB 920
15  F =  - 1: ON A0 + 1 GOTO 18,16,10
16   PRINT  CHR$ (4);"BLOAD CHAIN,A520"
17   CALL 520"AUSWERT"
18   END
19   -
100   REM  MESSUNG
101   GOSUB 120
102   INPUT "WIEVIELE MESSUNGEN ? ";I0
103  A = 49344: POKE A + 1,0: POKE 250,0
104   FOR I = 1 TO I0
105   IF A1 = 1 THEN   PRINT N$(0);":";U$(0);: INPUT ":";W(0,I)
106   IF A1 = 0 THEN X = 255 * (I - 1) / (I0 - 1): POKE A + 1,X: POKE
      251,X:W(0,I) = X / 100
107   CALL 768:U = C *  PEEK (252) / 100
108   IF A0 = 0 THEN U =  PDL (0)
109   IF A0 < 3 THEN W(1,I) = U: GOTO 116
110  L = 1:M = I6
111  K =  INT ((L + M) / 2):V = E(1,K): IF L = M - 1 THEN 115
112   IF U < V THEN M = K: GOTO 111
113   IF U > V THEN L = K: GOTO 111
114  W(1,I) = E(0,K): GOTO 116
115  W(1,I) = E(0,L) + (U - E(1,L)) * (E(0,M) - E(0,L)) / (E(1,M) -
     E(1,L))
116   FOR J = 0 TO J0:Y = W(J,I): GOSUB 700
117   PRINT Y,: NEXT J: PRINT : NEXT I: RETURN
119   -
```

```
120  REM  MESSGROESSEN
121  A = 49344: POKE A + 3,255: POKE A + 2,184
122  POKE A,40: POKE A + 1,0
123  PRINT "WAHL DER X-GROESSE:"
124  PRINT : PRINT "(1) MIT TASTATUR EINGEBEN"
125  PRINT "(0) VOM RECHNER MIT AA SETZEN";:A7 = 1: GOSUB 920
126  IF A0 = 1 THEN  INPUT "NAME:";N$(0): INPUT "EINHEIT:";U$(0)
127  IF A0 = 0 THEN N$(0) = "UAA":U$(0) = "V"
128  J0 = 1:C = 1: PRINT : PRINT "WAHL DER Y-GROESSE:"
129  A1 = A0: PRINT : PRINT "(1) SPANNUNG AN AE (0 .. 2.55 VOLT)"
130  PRINT "(2) ZU AE-SPANNUNG PROPORTIONAL"
131  PRINT "(3) AUS AE-SPANNUNG NACH EICHTABELLE"
132  PRINT "(0) PADDLE-WIDERSTAND 0 (0...125 KOHM)";:A7 = 3: GOSUB
     920
133  IF A0 = 0 THEN N$(1) = "R":U$(1) = "KOHM": RETURN
134  IF A0 = 1 THEN N$(1) = "U":U$(1) = "V": RETURN
135  IF A0 = 3 THEN  GOSUB 140:C = 1: RETURN
136  INPUT "NAME DER Y-GROESSE:";N$(1): INPUT "EINHEIT:";U$(1)
137  PRINT N$(1);":";U$(1);" FUER 1 VOLT AN AE:";: INPUT C: RETURN

139  -
140  REM  EICHTABELLE VON DISKETTE
142  INPUT "NAME DER EICHTABELLE:";F$
143  PRINT  CHR$ (4);"OPEN";F$
144  PRINT  CHR$ (4);"READ";F$
146  INPUT A$: INPUT A$: INPUT A
147  INPUT N$(1): INPUT U$(1)
148  FOR J = 2 TO A: INPUT A$: INPUT A$: NEXT J
149  INPUT I6: FOR I = 1 TO I6: FOR J = 0 TO A - 1
150  INPUT E(J,I): NEXT J: NEXT I
151  PRINT  CHR$ (4);"CLOSE";F$: RETURN
159  -
700  REM  RUNDEN
701  IF Y = 0 THEN  RETURN
702  X =  SGN (Y):Y =  ABS (Y): GOSUB 940
703  Y = X *  INT (1000 * Y / F + 0.5) * F / 1000: RETURN
719  -
920  REM  MENU
921  PRINT "        ? ";
922  GET A$: IF A$ < "0" OR A$ > "9" THEN 922
923  A0 =  VAL (A$): IF A0 > A7 THEN 922
924  PRINT A$: PRINT : RETURN
939  -
940  REM  FAKTOR
941  F = 1: IF Y < = 0 THEN  RETURN
943  IF Y < = F THEN 945
944  F = F / 10: GOTO 943
945  IF Y > 10 * F THEN 947
946  F = F * 10: GOTO 945
947  RETURN
959  -  -  -
```

10.3 Maschinenprogramme zur Messwerterfassung

MASCHINENPROGRAMM EINZEIT (EINFACH-ZEITMESSUNG)

```
0300- 78 A9 B8 8D C2 C0 A9 80
0308- 8D C0 C0 A9 60 8D CB C0
0310- A9 00 8D CE C0 A2 02 A0
0318- FF 8C C6 C0 8C C7 C0 AD
0320- C0 C0 2A 30 FA AD C0 C0
0328- 2A 10 FA 8C C5 C0 AD CD
0330- C0 2A 10 04 88 AD C4 C0
0338- 8A 2D C0 C0 D0 F0 AD CD
0340- C0 2A 10 04 88 AD C4 C0
0348- 8A 2D C0 C0 F0 F0 AE C4
0350- C0 AD C5 C0 86 FC 85 FB
0358- 84 FA AE C4 C0 AD C5 C0
0360- 86 FE 85 FD 58 60
*
```

MASCHINENPROGRAMM MEHRZEIT (MEHRFACH-ZEITMESSUNG)

```
0300- 78 A9 B8 8D C2 C0 A9 80
0308- 8D C0 C0 A0 00 84 95 84
0310- 97 84 99 84 9B 84 FD 84
0318- FE 84 FF A2 40 86 96 E8
0320- 86 98 E8 86 9A E8 86 9C
0328- A9 00 8D C7 C0 A9 64 8D
0330- C6 C0 A9 40 8D CB C0 AD
0338- C0 C0 85 FC AD C0 C0 45
0340- FC 24 FA F0 F7 45 FC A2
0348- 00 8E C5 C0 D0 21 A9 40
0350- 2D CD C0 F0 F9 AD C4 C0
0358- E6 FD D0 08 E6 FE D0 04
0360- E6 FF F0 25 AD C0 C0 45
0368- FC 24 FA F0 E1 45 FC 85
0370- FC 91 95 A5 FD 91 97 A5
0378- FE 91 99 A5 FF 91 9B C8
0380- A5 FC 6A 90 04 C4 FB D0
0388- C5 58 60
*
```

MASCHINENPROGRAMM EINZAEHL (EINFACH-ZAEHLER)

```
0368- 78 A9 60 8D CB C0 A9 00
0370- 8D CE C0 A6 FA A9 FF 8D
0378- C8 C0 8D C9 C0 A9 CE 8D
0380- C6 C0 A9 C7 8D C7 C0 8D
0388- C5 C0 AD CD C0 2A 10 FA
0390- AC C4 C0 CA F0 05 AC 00
0398- C0 10 EF AE C8 C0 AC C9
03A0- C0 86 FC 84 FB AE C8 C0
03A8- AC C9 C0 86 FE 84 FD 29
03B0- 40 85 FF 58 60
*
```

124

MASCHINENPROGRAMM MEHRZAEHL (MEHRFACH-ZAEHLER)

```
0300- 78 A0 00 84 93 84 95 A2
0308- 40 86 94 E8 86 96 A9 60
0310- 8D CB C0 A9 00 8D CE C0
0318- A9 FF 8D C8 C0 8D C9 C0
0320- A9 C7 8D C7 C0 A9 CE 8D
0328- C6 C0 A9 C7 8D C5 C0 A6
0330- FA AD CD C0 2A 10 FA AD
0338- C4 C0 CA D0 F4 AE C8 C0
0340- AD C9 C0 91 93 8A 91 95
0348- C8 C4 FB D0 E2 58 60
*
```

MASCHINENPROGRAMM EINSPANN (EINFACH-SPANNUNGSMESSUNG)

```
0300- 78 A9 FF 8D C3 C0 A9 A8
0308- 8D C2 C0 A5 FA 8D C0 C0
0310- A9 80 85 FC A9 00 05 FC
0318- 8D C1 C0 AA 45 FC A8 38
0320- A9 08 E9 01 D0 FC A9 04
0328- 2D C0 C0 F0 07 98 46 FC
0330- D0 E4 F0 05 8A 46 FC D0
0338- DD 85 FC A5 FB 8D C1 C0
0340- A5 FA 09 08 8D C0 C0 58
0348- 60
*
```

MASCHINENPROGRAMM MEHRSPANN (MEHRFACH-SPANNUNGSMESSUNG)

```
0300- 78 A0 00 84 95 84 97 84
0308- 99 84 9B A2 40 86 96 E8
0310- 86 98 E8 86 9A E8 86 9C
0318- A9 FF 8D C3 C0 A9 A8 8D
0320- C2 C0 A9 60 8D CB C0 A9
0328- 00 85 FD A9 06 8D C7 C0
0330- A9 3E 8D C6 C0 B1 95 8D
0338- C1 C0 A9 08 8D C0 C0 A9
0340- 40 2D C0 C0 F0 F9 A9 06
0348- 8D C5 C0 A5 FF 85 FE A9
0350- 00 8D C0 C0 A9 80 85 FC
0358- A9 00 05 FC 8D C1 C0 AA
0360- 45 FC A8 38 A9 08 E9 01
0368- D0 FC A9 04 2D C0 C0 F0
0370- 07 98 46 FC D0 E4 F0 05
0378- 8A 46 FC D0 DD A4 FD 91
0380- 97 AD 70 C0 A2 FF EA EA
0388- AD 64 C0 10 04 E8 D0 F8
0390- CA 8A 91 99 B1 95 8D C1
0398- C0 A9 08 8D C0 C0 AD CD
03A0- C0 29 40 F0 F9 AD C4 C0
03A8- C6 FE D0 F2 E6 FD D0 9B
03B0- 58 60
*
```

MASCHINENPROGRAMM KREUZ

```
4800- 78 A9 1E 85 FF C6 FA A5
4808- FC C9 A0 B0 2E 0A 0A 29
4810- 1C 09 20 85 FE A5 FC 4A
4818- 4A 4A 4A 29 03 05 FE 85
4820- FE A5 FC 6A 29 E0 85 FD
4828- 4A 4A 29 18 05 FD 18 65
4830- FA 85 FD A0 00 A5 FB 51
4838- FD 91 FD C6 FF F0 24 A5
4840- FF C9 0F F0 06 10 10 E6
4848- FC 90 BC A5 FC 38 E9 07
4850- 85 FC C6 FA 18 90 B0 06
4858- FB 10 05 38 26 FB E6 FA
4860- 18 90 A4 A5 FC 38 E9 07
4868- 85 FC 58 60 00
*
```

PHYSIK-AUFGABEN II/1–II/3   Gesamtband

Übungsbuch für Unterricht und Selbststudium. Diese Aufgaben-Sammlung enthält die 700 Aufgaben von Physik II/1 bis II/3 (siehe oben).

Die **Text**ausgabe ist ein Schülerbuch für die Sekundarstufe II (gymnasialer sowie berufsbildender Bereich) und enthält – abweichend von den Physik-Aufgaben II/1 bis II/3 (siehe oben) – neben den Aufgaben zusätzlich sämtliche numerischen Endergebnisse am Schluß des Buches.
12. Aufl. 1983. 140 Seiten, 51 Abb. DM 18,80. Prüfstücke zu ¾ des Ladenpreises.
(Dümmlerbuch 4189)

Die **Lösungs**ausgabe (mit ausführlichen Lösungswegen) wird von Lehrern der Sekundarstufe II, von Dozenten und Studierenden der Physik (als Haupt- und Nebenfach) an Fachhochschulen und Hochschulen aller Art sowie in der Lehreraus- und -fortbildung eingesetzt. **Nicht** im Buchhandel, nur direkt vom Verlag gegen Schul- oder Studienbeschein. erhältlich.
8. Aufl. 1983. 396 Seiten. 94 Abb. DM 49,80   (Dümmlerbuch 4190)

PHYSIK-AUFGABEN   Klausur-Ausgabe

300 Aufgaben (mit ausführlichen Lösungswegen) **für Klausuren und Abitur auf der Sekundarstufe II.**

380 Seiten, 117 Abb. 2. Aufl. 1985. Kart. DM 49,80 (Dümmlerbuch 4191) Nicht im Buchhandel, nur vom Verlag mit Schulstempel.

Nach der begeisterten Aufnahme der Lehrerausgabe von HÖFLING[s] Physik-Aufgaben Sekundarstufe II (Dümmlerbuch 4190, vgl. S. 9 unten), wurde immer wieder der Wunsch nach einer zusätzlichen **Lehrerausgabe für Klausur- und Abituraufgaben** laut. Hier ist das Buch, das Ihnen zeitraubende Arbeit abnimmt! Alle Aufgaben mit vollständigen, ausführlich dargestellten Lösungswegen, Zwischenschritten und Endergebnissen.

Diese Aufgabensammlung enthält nur Aufgabentexte, deren Formulierung keinen Zweifel am Geforderten zulassen. Dazu gehören das Vorstellen der physikalischen Ausgangsposition, das Mitteilen von Randbedingungen bzw. der Hinweis auf Idealisierungen sowie eine unmißverständliche Nennung der gegebenen und gesuchten Größen einschließlich ihrer Formelzeichen.

Zu manchen Aufgaben benötigen die Schüler eine Anleitung, um sie in der begrenzten Zeit einer Klausur erfolgreich bearbeiten zu können. Die in diesem Buch enthaltenen Hilfen und Anleitungen sind das Ergebnis einer breiten Erprobung; sie gehen auf Fragen und Fehlansätze von Schülern zurück.

Aus dem Inhalt von HÖFLING[s] neuer Klausur-Ausgabe:

Mechanik (Aufgaben 1–96; Seiten 1–114)
Die Bewegungen / Die Masse und die Kraft / Die Kräfte bei der Kreisbewegung / Die Arbeit, die Energie und die Leistung / Der Impuls und der Stoß / Das Drehmoment, der Drehimpuls und die Rotationsenergie / Die Gravitation und die Raumfahrt / Die mechanischen Schwingungen und Wellen.
Wärme (Aufgaben 1–11; S. 115–150)
Die thermischen Eigenschaften der Gase / Wärme und Arbeit.

Noch Inhalt Klausurausgabe:
Elektrizität und Magnetismus (Aufgaben 1–93; S. 151–266)
Das COULOMB-Gesetz / Das elektrische Feld / Das elektrische Potential / Kondensatorschaltungen / Magnetfelder stromdurchflossener Leiter / Die LORENTZ-Kraft / Das magnetische Moment / Die elektromagnetische Induktion / Wechselstrom / Elektrische Schwingkreise.
Optik (Aufgaben 1–25; S. 267–299)
Die Interferenz des Lichtes / Die Beugung des Lichtes am Spalt, Doppelspalt und Gitter. Relativistische Kinematik / Masse und Energie.
Quanten und Atome (Aufgaben 1–30; S. 337–374)
Energiequanten / Das BOHR-Atommodell / Die Materiewellen / Die HEISENBERG-Unschärferelation / Die Radioaktivität / Kernkräfte und Kernreaktionen.

Bausteine Informatik

BAUSTEINE INFORMATIK
Chr. und V. Heidemann
Algorithmen und Datenstrukturen

Lehr- und Übungsbuch
– Sprachenunabhängig –

ƉUMMLER

- Die neue Reihe »Bausteine Informatik«, herausgegeben von D. POHLMANN, wendet sich gleichermaßen an Schüler und Lehrer. Für die Hand des Schülers konzipiert, eignen sich diese **Lehr- und Arbeitsbücher** ebenso zur Einführung des Lehrers in diese Thematik. Insbesondere derjenige, der diesen Lehrstoff zum ersten Mal unterrichtet, kann sich auf erprobte Unterrichtsgänge stützen.
- Die Bände sind weitgehend unabhängig von einer Programmiersprache gehalten und geben einen systematisch aufbauenden Kurs wieder, der in die neuen (insbesondere auch nicht-mathematischen) Inhalte der Informatik einführt.

Algorithmen und Datenstrukturen [NEU]

Ein an die Möglichkeiten höherer Programmiersprachen angelehntes aber dennoch sprachenunabhängiges Unterrichtswerk für die Klassen 12/1 bzw. 12/2 von CHR. und V. HEIDEMANN. Schwerpunkte liegen im Bereich der Veranschaulichung rekursiver Algorithmen und in der Einführung höherer Datenstrukturen anhand relevanter Beispiele. Mit zahlr. Abbildungen und interessanten Übungsaufgaben.
Lehr- und Übungsbuch. 96 Seiten. Format 17 x 24 cm. Zahlr. Abb. DM 16,80 (Dümmlerbuch 4276)
Programmheft – PASCAL. Sämtl. Programmlistings des Lehr- und Übungsbuches in PASCAL. 40 Seiten. Format 17 x 24 cm. DM 8,80 (Dümmlerbuch 4277)
Aus dem Inhalt des neuen Lehr- und Übungsbuches von Heidemann: 1. Verbunde (Seite 7–13); 2. Zeigerstrukturen und Listen (S. 15–34); 3. Bäume (S. 35–65); 4. Graphen (S. 67–77); 5. Versuch und Irrtum (Backtracking) (S. 79–91); Register (S. 93–94).

BAUSTEINE INFORMATIK
Eckart Modrow
Automaten Schaltwerke Sprachen

Lehr- und Übungsbuch der technischen und theoretischen Informatik

ƉUMMLER

Automaten, Schaltwerke, Sprachen [NEU]

Dieses Werk über Hardware und theoretische Informatik ist für Schüler der Klassen 12 bzw. 13 bestimmt und dort mehrfach erfolgreich getestet. Das Lehr- und Übungsbuch enthält u. a. 130 Aufgaben sowie vielseitige PASCAL-Programme zur Simulation von Automaten und Schaltwerken, die auch auf einer APPLE-Diskette zu erhalten sind.
Lehr- und Übungsbuch der technischen und theoretischen Informatik. Von E. MODROW. 208 Seiten. Format 17 x 24 cm. Rd. 190 Abb. Aug. 1986. DM 24,80 (Dümmlerbuch 4291)
Diskette für APPLE II. DM 36,– (Dümmlerbuch 4293)
Aufgabenbuch, 130 Aufg. (wie in 4291) und sämtl. Lösungen. Ersch. 1987. (Dümmlerbuch 4292)
Aus dem Inhalt des Lehr- und Übungsbuches: 1. Schaltwerke und endliche Automaten (S. 11–33). 2. Entwurf von Schaltnetzen (S. 34–67). 3. Umsetzung von Automaten in Schaltwerke (S. 68–80). 4. Spezielle taktgesteuerte Schaltungen (S. 81–97). 5. Struktur und Entwicklung von Mikrocomputersystemen (S. 98–114). 6. Syntaxanalyse regulärer Sprachen (S. 115–147). 7. Syntaxanalyse kontextfreier Sprachen (S. 148–175). 8. Algorithmen und Berechenbarkeit (S. 176–200). Anhang, Literatur, Register (S. 201–208).

ƉÜMMLER
Postfach 14 80, 5300 BONN 1

P. LABUDDE

ALLTAGS PHYSIK
in Schülerversuchen

- Planung • Durchführung
- Auswertung • Lösungen
- Unterrichtshinweise

ƉÜMMLER

»Alltags-Physik in Schülerversuchen« wendet sich an:

○ Lehrer und Schüler Physik der Sekundarstufe I und II an allg.- und berufsbildenden Schulen aller Art.
○ Studenten Physik/Technik in Eingangssemestern an Unis und FHS.
○ Jeden, der sich für physikalisch-technische Alltagsphänomene interessiert.

Alltags-Physik in Schülerversuchen [NEU]

Planung – Durchführung – Auswertung – Lösungen – Unterrichtshinweise

Von P. LABUDDE. 128 Seiten mit 34 Abb. Format DIN A5. März 1986. DM 24,80
(Dümmlerbuch 4158)

»Physik« tritt im Alltag jedes einzelnen auf, physikalische Experimente sind nicht nur Sache des Spezialisten. Das Buch möchte diesen Beweis antreten: Die detailliert beschriebenen Versuche behandeln einige grundlegende physikalische Phänomene, Fragestellungen und Technologien aus unserer täglichen Umgebung. Schüler und Physiklehrer finden hier Experimente an Realsituationen, die sich leicht und ohne großen Materialaufwand nachvollziehen lassen. Die Versuche können ohne weiteres in den neuen Physikunterricht der Sekundarstufen I und II einbezogen werden.
Der Realbezug in Verbindung mit eigenem, selbständigen Experimentieren führt den Schüler zu einer starken Motivation und einem vermehrten Interesse an »lebendiger« Physik.
Dem Lehrer kommt das Buch in doppelter Hinsicht entgegen: Zum einen sind die Experimente so beschrieben, daß die unmittelbare Übertragung auf die eigene Unterrichtssituation keinerlei Schwierigkeiten verursacht. Zum anderen enthält ein spezielles Kapitel am Ende des Buches praktische Hinweise, zu erwartende Meßresultate und die genauen Aufgabenlösungen.

Aus dem Inhalt:

Ein Start mit Vollgas (gleichmäßige Beschleunigung, s-t- und v-t-Diagramm); Die Angst des Tormanns beim Elfmeter (gleichförmige und verzögerte Bewegung, F = m · a); Zu hoher oder zu niedriger Blutdruck? (Druck, laminare und turbulente Strömung, Herz, Kreislauf); »Kalter Kaffee« (Newtonsches Abkühlungsgesetz, Energieübertragung); Tief ins Weinglas schauen (Brechung, optische Abbildung); Spielerei mit Seifenblasen (Farben an dünnen Schichten, Interferenz, Druck); Ein Flötenkonzert in fünf Sätzen (Schwingungen einer Luftsäule, stehende Wellen, Tonleiter); »Wenn einem die Haare zu Berge stehen« (Ladungen, Reibungselektrizität, Influenz); Die Leistung einer HiFi-Anlage (Widerstand, Arbeit, Leistung, Fechnersches Gesetz).

FERD. ƉUMMLERs VERLAG, Postfach 14 80, 5300 BONN 1
Unsere Auslieferungen für Österreich und Schweiz:
Verlags-GmbH Herold · Strozzigasse 8 · A-1081 Wien   Buch Service Basel · Postfach 23 46 · CH-4002 Basel